Mi vida en *Sus Manos*

Susana Quero de Tosini

Quero de Tosini, Susana

Mi vida en sus manos / Susana Quero de Tosini. - 1a ed revisada. -
Córdoba : Ediciones Bará , 2020.

152 p. ; 20 x 14 cm.

ISBN 978-987-47405-3-3

1. Cristianismo. 2. Literatura Testimonial. 3. Dios. I. Título.
CDD 248.4

Para comunicarse con la autora: *queromartasusana@gmail.com*

Diseño de Tapa: **Natali Cossutta**

Fotografía: **asier_relampagoestudio**

Corrección, diseño de Interior y libro electrónico: **Ediciones BARÁ**

edicionesbara@gmail.com / + 54 9 351 5576318

Contenido

Dedicación

Dedico este libro a mi querida madre que,
aunque ya está con el Señor,
con su ejemplo me enseñó cómo
debe ser una verdadera mujer cristiana.

Prólogo de la autora

He decidido reeditar este libro debido a los hermosos resultados obtenidos en el primero.

Como ustedes podrán comprobar tiene como finalidad predicar el evangelio de manera amena.

Fue muy grato recibir testimonios de personas que llegaron a conocer a Cristo a través de la primera edición. Lo que contribuyó a que decidiera volver a editarlo, con algunos cambios que eran necesarios debido al tiempo transcurrido.

Solamente quiero relatar brevemente dos de estos casos que me conmovieron. Soy consciente que el Señor hizo la obra, no mi libro, pero es muy reconfortante saber que Él utiliza aún lo vil del mundo, alguien como yo, para llevar salvación a otros.

Uno de los relatos nos lleva a la vida de un joven que estaba atrapado por las drogas. Sus padres ya no sabían qué hacer porque se había encerrado en su habitación solamente para consumir y dejarse morir.

Hacía dos meses que no salía, ni para comer.

Desesperada la madre le comentó el problema a una vecina, la cual le sugirió darle un libro que le había mandado su hermana, donde relataba el caso de un joven alcohólico.

La madre le alcanzó el libro a su hijo, pidiéndole por favor que lo leyera. Él lo aceptó, simplemente para no desairarla.

La curiosidad lo llevó a leerlo. Cuando comenzó la lectura eran alrededor de las dos de la tarde. Cerca de las siete salió de su habitación. Pueden imaginarse el estado en que se encontraba: consumido, delgado, ojeroso, la ropa, además de estar muy sucia y arrugada, tenía manchas de sangre y restos de droga.

Para asombro de su madre, se bañó y afeitó; luego le pidió dinero para ir a la peluquería. Ella, sabiendo lo peligroso que es un adicto con dinero, se lo facilitó con desconfianza, pero a la vez estaba esperanzada al ver aquel cambio.

Volvió con el cabello corto y, aunque su apariencia era distinta, todavía conservaba el deterioro de los últimos meses. Para asombro de su madre, le pidió que le consiguiera una Biblia. Ella corrió a su vecina, la cual le facilitó un N. T. de los Gedeones Internacionales.

Al día siguiente, el joven manifestó a sus padres el deseo de ir a un establecimiento para recuperarse de su adicción. Ellos se lo habían sugerido muchas veces, pero él siempre se había negado. Con lágrimas en los ojos su padre le preguntó a qué se debía ese cambio, a lo que el joven contestó que esa noche había encontrado una razón para vivir.

Después de recuperarse, concurrió a un Instituto Bíblico. En este momento es misionero en Guatemala.

El segundo caso es el de una jovencita de apenas 16 años que estaba postrada con un cáncer terminal.

Un día, una compañera de colegio (cristiana) le regaló un ejemplar de mi libro.

La joven falleció dos meses después, por lo tanto, su padre pidió a su compañera de estudios que buscara a alguien de sus conocidos para que hablara en el sepelio de su hija, ya que había comprobado el gran cambio que ella había experimentado después de leer el libro que le regaló.

La amiga le contó a su padre lo que sucedió, el cual aceptó y predicó el evangelio en el cementerio.

La Palabra de Dios, que penetra hasta lo íntimo del ser, hizo su efecto y al poco tiempo recibieron a Cristo el padre y el hermano de la joven fallecida.

A estos dos testimonios que he relatado, puedo agregar otros, pero creo que es suficiente.

Como dije anteriormente, soy consciente que no es mi libro, sino el Señor que trabaja en los corazones a través de su Palabra que es viva y eficaz y penetra hasta partir el alma. Pero a la vez, sé que soy responsable de utilizar el talento que el Señor me dio para traer salvación y gloria a Su Nombre.

Espero también colaborar a la necesidad que existe en el ambiente cristiano de libros que entretengan, especialmente a nuestra juventud; pero que a la vez, sirvan para afirmarlos en su vida espiritual.

Desde ya estoy agradecida, primeramente, al Señor por darme la oportunidad de servirle. Y a ustedes, mis lectores, por brindarme vuestro apoyo (3° Juan 5).

Vuestra sierva en Cristo:

SUSANA QUERO DE TOSINI

CAPÍTULO I

Un trágico accidente

Don Pedro Achával va llegando a la estancia que este posee en las sierras de Córdoba.

Su hija Cecilia, sentada a su lado, se reclina en el asiento y cierra los ojos.

Al ver el gesto de cansancio y la palidez de su rostro, don Pedro le pregunta:

–¿Te sientes bien, hija?

Ella abre un momento sus ojos y le sonríe levemente:

–Sí, papá. No te preocupes.

Él vuelve a poner su atención al volante. En ese momento entran a un camino de tierra, bordeado de árboles, que los lleva directamente a la estancia. Como no ha quedado satisfecho con la respuesta de su hija, añade en tono de reproche:

–No quisiste que paráramos a descansar y ahora me arrepiento de haberte hecho caso. ¡Fue un viaje demasiado largo y todavía estás muy débil!

–Estoy bien, papá. En la estancia podré descansar todo lo que quiera…

Don Pedro se pone serio, en su frente aparecen algunas arrugas:

–Ni bien lleguemos, mandaré a don Antonio que busque al médico. No quisiera que por este viaje te atrases en tu recuperación…

–Por favor, papá. No me trates como a una niña –protesta Cecilia, mientras se endereza del asiento. Al ver que van entrando al patio de la estancia suspira aliviada–. ¡Ya llegamos! ¡Por fin! ¡Cuánto deseé volver a estos campos! ¡En Buenos Aires parece que me ahogo entre tantos edificios!

Don Pedro detiene el auto frente a la escalinata de la entrada principal de la casa. Una señora de cabello canoso y rostro sonriente sale alborozada a recibirlos:

–¡Don Pedro! ¡Niña Cecilia! ¡Ya están aquí! ¡Los esperábamos recién mañana! ¡Qué alegría que llegaron tan pronto! –entre estas exclamaciones, saluda a don Pedro, que ya ha descendido del vehículo. Al notar que Cecilia todavía permanece sentada en la butaca, se agacha un poco y le pregunta a través de la ventanilla:

–¿Se siente mal, niña?

La joven sonríe apenas e intenta abrir la puerta del coche. Doña Blanca ya ha llegado hasta allí y termina de abrírsela, ayudándola a bajar. Después de abrazarla y besarla repetidas veces, la observa mejor y exclama compungida:

–¡Qué pálida está niña Cecilia! ¿Está segura que se siente bien? ¿No quiere que llame a mi esposo para que la lleve en su silla de ruedas?

La joven sonríe al ver la preocupación de esa noble mujer por su salud.

–Estoy un poco cansada por el viaje, nada más. Por favor, Blanca, no se preocupe por mí… todavía puedo caminar.

La mujer sigue observándola unos instantes. Sin poder evitarlo, acaricia su rostro con dulzura:

–Cada día se parece más a su difunta madre –le dice en tono suave, pero dándose cuenta que acaba de cometer un terrible error al mencionar a doña Clara queda callada sin saber qué agregar.

Cecilia advierte al instante el apuro por el que está pasando la pobre mujer:

–No tema nombrar a mamá delante de mí –la anima. Doña Blanca levanta el rostro y sus ojos se llenan de lágrimas. Conmovida por el sentimiento de lealtad hacia el ser que le dio la vida, Cecilia agrega con voz muy dulce –. Usted la quería muchísimo. Y sé que siente la muerte de mamá tanto como yo…

–Doña Clara era un ángel –la voz de la mujer suena entrecortada–. No sé cómo pudo suceder ese terrible accidente. Cuando me lo contaron no lo podía creer.

Cecilia, a pesar del esfuerzo por mantenerse serena, no puede evitar que aparezcan algunas lágrimas en sus ojos:

–¡Sólo Dios sabrá por qué tuvo que pasar todo eso! –exclama dolida. Va a agregar algo, pero al ver que su padre camina hacia ellas, solo pudo añadir en voz apenas perceptible– Delante de papá, cuídese de mencionar el accidente. Él no se ha resignado a perder su esposa y su hijo predilecto en un solo día.

Don Pedro llega hasta donde conversan las mujeres:

–Ya bajé todas las valijas, están acomodadas en la sala –dice con voz autoritaria–. Después que la señorita Cecilia se instale en su habitación, dígale a Antonio que vaya al pueblo a traer al Dr. Saldívar.

–¡Oh, sí, don Pedro! –se apresura a contestar la mujer– Pero el Dr. Saldívar ya no está en Copacabana. Se jubiló y volvió a Buenos Aires. Ahora hay un médico joven –mira el sol que ya se oculta en el horizonte y agrega en un murmullo–. Aunque a esta hora va a ser difícil encontrarlo en el consultorio.

–Por favor, papá –protesta Cecilia bastante molesta–. Te dije y te repito que estoy cansada, nada más. Después que duerma esta noche, ya verás cómo amanezco con más colores en mi cara.

Don Pedro no quiere insistir. Sabe que será inútil. Dando un suspiro de resignación, cambia de tema:

–¿Antonio está en el campo?

–Sí, don Pedro. Fue a traer unos animales que se cruzaron al campo de los Espinosa. No creo que tarde. –Cuando regrese, que me vea –ordena el hombre. Mientras se dirige a los corrales añade–. Usted acompañe a la señorita Cecilia y ayúdela con sus cosas.

–¡Por supuesto, señor! –exclama doña Blanca solícita. Toma del brazo a Cecilia y la ayuda a subir los escalones de entrada.

Una vez que se ha instalado en el dormitorio que siempre está preparado para ella, la joven hace ademán de bajar al comedor. Doña Blanca la detiene:

–Usted acuéstese, mi niña. Yo le traeré la cena hasta aquí –le guiña un ojo y sale cerrando la puerta.

Cecilia sonríe halagada ante el cuidado que aquella noble mujer le prodiga. Comienza a desvestirse lentamente. En realidad, se siente muy cansada, pero no ha querido alarmar a su padre nuevamente, llamando al médico. Ella sabe cuánto tuvo que sufrir este último tiempo con la muerte de su hermano y de su madre. Cómo tuvo que luchar desesperadamente para salvar su vida y quiere que, al menos este tiempo que decidió pasar en la estancia, sea realmente un descanso para él.

Cuando termina de ponerse el camisón, se acuesta lentamente sintiendo el alivio de poder descansar nuevamente. Apoya la cabeza en sus manos entrecruzadas en la nuca y observa detenidamente cada detalle de aquella habitación que tan gratos recuerdos le traen de su niñez. Allá está el tapiz que bordara su abuelita especialmente para ella. La pequeña biblioteca con todos sus libros de estudio. A un costado, como siempre, se encuentra la gran Biblia en la que tantas veces leyera y con la que, con tanto amor, doña Lidia le explicara el camino de salvación. Desde muy pequeña, su abuela supo guiarla, poniendo en práctica aquel maravilloso texto de Proverbios 22:6: "Instruye al niño en su camino, y aun cuando fuere viejo, no se apartará de él".

¡Realmente fue maravilloso aprender tantas cosas hermosas sobre Dios, los profetas y los apóstoles a los pies de su amorosa abuela!

Cecilia suspira ante los gratos recuerdos, cuando siente golpecitos en la puerta:

–¡Adelante! –contesta en voz alta.

Al momento aparece doña Blanca, portando una humeante bandeja:

–Le traje un poco de caldo, bien calentito, para que se reponga un poco –la mujer acomoda la bandeja sobre la mesa de luz y ayuda a Cecilia a sentarse, colocando otra almohada en el respaldo de la cama. Vuelve a tomar la bandeja y la coloca sobre la mesita que Cecilia ha sacado de un cajón al costado de la cama–. Mientras usted toma este caldo, el "churrasco" se está cocinando . También hay algunas verduras hervidas y un poco de queso fresco… ¿puede comer todo eso?

Cecilia asiente sonriendo:

–Sí, Blanca. Puedo comer todo eso. Pero no quiero que se ponga en demasiado trabajo por mí. Usted sabe que yo sola puedo preparar mi régimen…

–¡Ni lo piense! –exclama la mujer disgustada–. Usted ha venido a descansar y a recuperarse, así que eso va a hacer. Déjeme a mí en la cocina y lo demás…

–Sí, pero es demasiado –protesta dulcemente la joven–. Usted ya tiene bastante con ordenar y limpiar este caserón, dar de comer a los animales, cocinar para los peones. No quiero que todavía se ponga a preparar mi comida. Eso puedo hacerlo yo. ¡Es lo único útil que puedo hacer todavía!

–Mmm… ¡No sé! –doña Blanca la observa picarescamente– Si las cosas no han cambiado mucho, mañana mismo se encargará de encontrar ocupación. Si no hay algún animal que curar, ya irá a ayudarle a Antonio con las cuentas, o verá si algún vecino necesita algo, o… ¡qué sé yo! Pero como siempre, me imagino que a los dos o tres días de llegar, ya tendrá todo su día ocupado sirviendo y ayudando a los demás. ¡Mire si la conoceré yo!

Cecilia sonríe, pero queda callada. Sigue comiendo un instante y sin levantar la mirada de la bandeja, comenta en voz muy baja:

–¡Ojalá pueda hacer lo de antes! Pero creo que esta vez mis fuerzas no me van a ayudar.

Doña Blanca la mira dolorida:

–¿Quedó muy mal, mi niña?

–Perdí muchísima sangre, Blanca. Agregado a eso, la anemia que traigo desde mi niñez, cada día siento que me voy quedando sin fuerzas.

Doña Blanca observa conmovida a esa joven de cabello castaño claro, ojos pardos, de mirada serena. Ese rostro pálido que refleja la enfermedad que padece desde su nacimiento. Se muerde el labio inferior para no soltar el llanto, aunque no puede evitar que sus ojos se nublen de lágrimas.

Al momento, Cecilia se da cuenta de los sentimientos que ha despertado en ella y la anima cariñosamente:

–No se preocupe por mí, Blanca. Sé que el Señor muy pronto me llevará a su presencia –al ver que las lágrimas comienzan a rodar por las mejillas de la mujer, toma la mano llena de arrugas entre las suyas y se las aprieta dulcemente–. El único que debe preocuparla es papá. Él no se ha resignado a perder a sus seres más queridos en un solo día. Y creo que no soportará perderme a mí también en poco tiempo.

–¡Pobre don Pedro! ¡Qué terrible debe haber sido ese accidente para él! –solloza doña Blanca, saca un pañuelo del bolsillo de su delantal y se limpia el rostro– Pero… ¿cómo pudo suceder algo tan terrible? Nosotros, cuando nos enteramos, no lo podíamos creer. ¡El niño Héctor era tan joven!

–Tenía solamente veinte años, Blanca. Pero lo que tenía de joven también lo tenía de inconsciente. Cuando fueron a retirar el coche, era un puñado de hierros retorcidos. Después de cuatro horas del accidente recién pudieron sacar sus cuerpos de entre las latas.

Doña Blanca se estremece al oír estas palabras. Sentándose al borde de la cama, pregunta impresionada:

–Pero al final chocaron, ¿o qué les pasó?

–No, Blanca. No chocamos. El auto se fue en una curva de la ruta y dio varios tumbos en la cuneta. Yo iba en el asiento de atrás, al primer tumbo, me despidió por el parabrisas. Por eso me salvé. Cuando fueron a auxiliarlos estaban a más de cincuenta metros, incrustados en un árbol. Hicieron el peritaje y por el velocímetro del auto, la policía dedujo que habría venido a más de 200 km por hora.

–¡Cielo santo! –exclama impresionada doña Blanca– ¿Cómo le permitió doña Clara andar a esa velocidad?

–Mamá siempre consentía a Héctor, igual que papá –explica tristemente la joven–. Todo lo que hacía les parecía que estaba bien, aunque les hiciera daño a ellos mismos –Cecilia queda callada unos instantes reflexionando–. Yo, en cierta manera, los entendía. Cuando nací y se enteraron de mi enfermedad, sabían perfectamente que no iban a tenerme mucho tiempo con ellos así que, al nacer Héctor, depositaron todas sus esperanzas en él. Era lógico que pusieran su empeño en darle con todos los gustos –a pesar de sus esfuerzos, se le quiebra la voz–. Aunque al final, el último regalo que le hicieron: su auto sport, sirvió nada más que para apresurarle la muerte.

Doña Blanca siente que su corazón se encoge de dolor al escuchar hablar así a esa joven que tanto quiere. Se encuentra impotente, sin saber cómo consolarla. Permanece callada, con la vista baja, mientras las lágrimas siguen rodando por sus mejillas y caen, mojando el cubrecama.

De repente, acordándose de algo, exclama:

–¡Niña! ¡El churrasco debe estar hecho carbón! –se levanta de un salto y sale a grandes pasos de la habitación.

Cecilia sonríe divertida al ver cómo una mujer de su edad y con un peso de más de 90 kg. tiene tanta agilidad para correr.

Termina de tomar el caldo, ya casi frío y se reclina sobre la almohada apoyada en su espalda. Al momento vuelve a su mente todo lo vivido en el accidente hace apenas tres meses. Ella solamente recuerda una tremenda frenada. Luego un golpe muy fuerte en su cabeza que la dejó inconsciente. Cuando se despertó, después de cuatro días, se encontraba en terapia intensiva de un sanatorio, rodeada con los equipos de sangre y aparatos que tantas veces tuvo que ver en su vida, cuando era atacada por su enfermedad.

Al principio, nadie se animaba a decirle lo que había pasado con sus seres queridos, pero ella poco a poco fue sospechando, por las lágrimas de dolor que continuamente vertía su padre, cuando iba a verla.

"¡Pobre papá! Creo que nunca se podrá recuperar de esta tragedia".

Al pensar en esto, siente un nudo en la garganta. Con el corazón quebrantado recuerda a su hermano, tan jovial y dispuesto a las bromas. ¿Por qué nunca quiso escuchar lo que su abuela, con tanta paciencia, trataba de explicarle? Ella falleció rogando por ese nieto que, aferrado a su juventud, no quería pensar en la eternidad. "Eso es cosa de viejos", decía constantemente. "Tengo mucho que gozar y divertirme antes de pensar en la muerte". ¡Y pensar que esta vino a su encuentro más pronto de lo que él la esperaba! Lo peor de todo es que se llevó también con él la vida de su madre, que por estar ocupada organizando su vida social y sus relaciones personales, tampoco tenía tiempo de pensar en su alma. "¡Pobre mamá! ¡Siempre pensando en sus fiestas y recepciones! ¿Dónde estará ahora?" El rostro de Cecilia se ensombrece: "Oh, Señor, clama en su interior. Sé que mamá y Héctor no están contigo, pero, ¡ayúdame a que por lo menos papá encuentre la salvación de su alma antes que me lleves a tu presencia!".

CAPÍTULO II

Días en la estancia

Al otro día, Cecilia se levanta temprano y baja hasta la cocina donde Blanca está preparando el desayuno para su familia.

–¡Niña! –exclama la mujer al verla aparecer- ¿Por qué no se quedó en cama? Yo le iba a llevar el desayuno…

–¡Por favor, Blanca! –responde Cecilia un poco incómoda- Ya le dije anoche que no quiero que se moleste por mí. Además, ¡he dormido maravillosamente! Es tanta la quietud de este lugar que descanso mucho mejor –va a sentarse en una silla al lado de la mesa, cuando aparece por otra de las puertas un niño, con guardapolvo blanco y un portafolios en su mano.

–¡Juancito! –exclama la joven al verlo y corre a abrazar al muchachito.

Este la saluda muy respetuosamente y se queda mirándola por largo tiempo.

–¿Cómo está, niña Cecilia? –le pregunta tímidamente.

Cecilia acaricia su cabeza llena de rulos y se agacha para

estar a la altura de su rostro:

–¡Perfectamente! ¿Y tú?

Juancito, al ver que la joven todavía lo trata con la familiaridad de antes, toma confianza y comienza a hablar:

–¿Seguro que está bien, niña Cecilia? Porque me contaron que usted había tenido un terrible accidente, que casi había muerto, y casi seguro se iba a morir pronto –y sin darse cuenta de las señas que le hace su madre para que se calle, sigue hablando con la inocencia propia de un niño de seis años–. ¿Seguro que me podrá contar esas hermosas historias que siempre me contaba? ¿Va a tener fuerzas para que vayamos a caminar? ¿o para acompañarme de vez en cuando al pueblo en mi caballo?

–¡Por supuesto! –exclama Cecilia emocionada al ver el entusiasmo de esa criatura por su llegada– Ni bien vuelvas del colegio, vamos a dar una larga caminata. El médico me recomendó que hiciera todo el ejercicio que estuviera a mi alcance, así que iremos a recorrer la estancia para que me expliques los cambios que hay desde mi última visita.

–¡Uf! ¡Va a ver cuántos animales que hay! Papá compró más caballos de carrera. El otro día…

–Bueno, bueno –interrumpe doña Blanca al entusiasmado niño–. Después tendrás tiempo de seguir charlando con la niña Cecilia, ahora se te hace tarde para la escuela. Toma una tortilla para el recreo y anda al patio que Tony ya te está esperando en el caballo.

Juancito besa a Cecilia y a su madre y sale corriendo de la cocina. Mientras se acomoda en el caballo al lado de su hermano mayor, observa que las dos mujeres han salido al umbral para despedirlos y exclama lleno de gusto:

–¡Acuérdese de su promesa, señorita Cecilia! Cuando vuelva de la escuela vamos a salir a caminar como lo hacíamos antes –levanta su mano en señal de saludo.

–¡Buen día, niña Cecilia! –saluda también Tony, que recién advierte la presencia de la joven.

Cecilia se llega hasta ellos y dándole las riendas al mayor de los hermanos, comenta risueña:

–¡Qué grande estás, Tony! Ya eres todo un hombre...

El aludido toma las riendas tímidamente y sonríe halagado. Sin ningún otro comentario emprenden el viaje a la escuela del pueblo.

Cecilia los ve alejarse. Cuando desaparecen de su vista, se vuelve y camina lentamente hacia la cocina, donde Blanca ya le está sirviendo el desayuno.

–¡Qué hombrecitos son sus hijos! –exclama mientras se acomoda en una silla– Siempre que los veo los comparo con los jóvenes de Buenos Aires, tan audaces e irrespetuosos hasta con sus mismo a padres y pienso qué gran bendición es que vivan aquí en el campo, alejados de tanta maldad y tanta contaminación.

–Hummm –murmura la mujer mayor–. No crea que aquí no cuesta educarlos. El campo tiene sus desventajas. No hay mucho para darles y a veces se lo llegan a reprochar. Yo he tratado de criarlos en el temor de Dios, como me enseñó su abuela Lidia, pero muchas veces me parece que he fracasado –la voz de Blanca suena triste.

–Eso no lo creo –la anima Cecilia sonriente–. Sus hijos son excelentes: ¡Juancito es un amor! Siempre contento y dispuesto a gastar sus energías. –Uf... A veces ya es demasiado –contesta la mujer, contagiada por la risa de Cecilia–. ¡Si usted supiera las travesuras que hace por día! Parece que no puede estar sin moverse –y poniéndose seria de golpe añade–. Pero por favor niña, no lo consienta de entrada nomás. Después se va a arrepentir.

–A mí me encanta su manera de ser, Blanca. Y usted sabe perfectamente que yo disfruto más al estar en su compañía.

–Si… Pero usted necesita descansar y seguramente con él no va a poder reposar ni un instante, por eso le pido que no le lleve mucho el apunte…

–El médico me recomendó que tomara aire y sol aquí en el campo. Mientras mis fuerzas me permitan, que camine lo más que pueda. Así que no va a ser ningún sacrificio si salgo con él.

Doña Blanca sonríe, no muy convencida de los argumentos de Cecilia y se dirige a tomar su desayuno en el mesón de la cocina.

–Por favor, Blanca, siéntese conmigo –le reprocha dulcemente la joven–. Sabe perfectamente que no me gusta que actúe como una persona a mi servicio. Usted es una amiga más y la aprecio sinceramente. –Gracias, niña –la mujer trae su taza y se sienta frente a Cecilia–. Cuando me habla así, me recuerda a su abuelita, ella también era así. Nunca me hacía sentir como de la servidumbre, sino como si fuese una más de la casa.Cecilia sonríe al responder:

–Abuela Lidia era algo especial, a todos nos hacía sentir como sus amigos de toda la vida –queda un momento en silencio, tratando de recordar y pregunta intrigada:

–¿Hace cuánto tiempo que sirve en esta casa, Blanca?

–Desde que tenía nueve años, niña –explica solícitamente la mujer–. Doña Lidia me trajo a vivir aquí después que la inundación nos dejó sin casa. Cuando murieron mis padres, quedé definitivamente en la estancia. Su abuela me enseñó costura y bordado. También desde que llegué, me guio por los caminos del Señor. No me olvido con qué paciencia, me explicaba que yo era pecadora y necesitaba arrepentirme para recibir al Señor en mi vida. Cuando tenía quince años, comprendí lo que ella me decía y lloré arrepentida mis pecados, entregando mi vida a Cristo –su voz se hace distante al seguir recordando–. Al poco tiempo de esto, su abuela contrató un nuevo peón en la estancia. Como era su costumbre, por las noches lo invitaba a compartir algunos pasajes de la Biblia. Él venía y no decía nada, porque era muy callado –explica–, se sentaba al lado del fogón y escuchaba las historias que doña Lidia nos contaba. Una noche, cuando hizo la invitación para que alguno manifestara si había recibido al Señor, tuvimos la gran alegría de oír la historia de su vida: su niñez había sido de desamparo y soledad. Sus padres lo habían abandonado siendo muy pequeño y se había criado solo. Yo, desde ese día comencé a mirarlo con otros ojos y bueno… –Blanca se encoge de hombros graciosamente–. Al poco tiempo nos casamos y… ¡aquí me tiene!

–¡Cuánto tiempo ha pasado! exclama Cecilia pensativa.

–Hace más de cinco años que murió doña Lidia.

Con este comentario, ambas mujeres continúan desayunando. Al terminar, Cecilia se levanta para lavar su taza. Doña Blanca va a impedírselo, pero opta por recoger las demás cosas de la mesa. Sabe que será inútil tratar de persuadirla.

La joven se halla pensativa. Tratando de coordinar ciertas ideas. De pronto, se vuelve hacia la mujer y le pregunta intrigada:

–Dígame, Blanca… y Marta, ¿dónde está? Desde que llegué que no la he visto… hasta ahora, todas las veces que venía a la estancia era la primera en salir a recibirme.

Esta pregunta incomoda visiblemente a la mujer. Para disimular se pone a acomodar unas cosas en la alacena:

–Está bien, niña –responde, bastante nerviosa, tratando de encontrar las palabras adecuadas para salir de este aprieto–, pero… la mandamos a Córdoba para que busque trabajo.

–¿Era necesario? ¿Antonio no gana suficiente? Le voy a decir a papá que le aumente el sueldo.

–¡No, niña! ¡No hace falta! Don Pedro nos paga suficiente –contesta la mujer totalmente nerviosa–, pero ella quería ir y… –mira a Cecilia y baja la vista– Por favor, niña, no me pregunta más por ella…

La joven se encuentra en el colmo del asombro. Ella ha comprobado la severidad con que Antonio ha criado a sus hijos y ahora… quisiera seguir preguntando, pero la actitud de doña Blanca la detiene. La respeta muchísimo y no quiere incomodarla más. Opta por cambiar de conversación.

–Bueno. Voy a recorrer un poco la casa y acomodar mis cosas.

–¡Oh, sí, niña Cecilia! –se apresura a contestar la mujer aliviada de que no haya insistido en sus averiguaciones– Haga lo que le parezca y si desea algo, no dude en pedírmelo.

Cecilia asiente con la cabeza y desaparece por la puerta que lleva a las habitaciones del interior.

A mediodía, después del almorzar con su padre en la gran sala de la casa que sirve de comedor para los dueños, se dirige nuevamente a la cocina donde sabe que encontrará a los niños ayudando a su madre en las tareas.

–¡Hola! –saluda al entrar– Doña Blanca, vengo a robarle a Juancito. Quiero que me acompañe a conocer los nuevos caballos de carrera.

El niño aludido, deja al instante lo que está haciendo y corre hasta su madre:

–Sí, mamá, por favor. Déjeme ir con la niña Cecilia –le suplica haciendo morisquetas con su carita.

Doña Blanca no puede evitar una sonrisa ante las ocurrencias del pequeño y cede rápidamente:

–Bueno, pero no hagas caminar demasiado a la niña. Le puede hacer mal –le acomoda mejor su campera y añade–. Ni bien vuelvan, tienes que hacer tus tareas de la escuela.

–¡Oh, sí, mamá, por supuesto! –exclama el niño alegremente mientras corre hasta donde está Cecilia– ¡Vamos pronto, niña! Así puede ver también los corderitos que han nacido en estos días.

–¡Perfecto jovencito! –exclama Cecilia. Toma la manito que el niño le extiende y se dirige a su madre– Por las tareas de Juancito no se preocupe. Cuando volvamos, las hacemos juntos.

Doña Blanca menea la cabeza sonriente y después que han salido, se llega hasta la puerta para verlos caminar por el sendero que llega hasta los corrales. Van tomados de la mano. Por los gestos de su hijo, se da cuenta que la está poniendo al tanto de todas las novedades de los últimos tiempos. Los ve pararse un momento en los galpones, mientras Juancito señala con su bracito en alto y Cecilia ríe divertida. Ella no puede evitar que una sonrisa brote también de sus labios. Observa conmovida cómo continúan su camino hasta perderse en la distancia y vuelve lentamente a sus tareas. Se concentra tanto en sus pensamientos que se ha olvidado de la presencia de su hijo mayor. Cuando viene a su memoria el recuerdo de doña Clara y su hijo, comienza a llorar en silencio.

–¿Le da pena la niña Cecilia?

La pregunta de Tony la vuelve a la realidad.

–¡Oh, sí, por supuesto! –contesta confundida, mientras se seca las lágrimas con el delantal que lleva puesto– Pero en este momento recordaba a doña Clara y al niño Héctor…

–¡Va! ¡Ese no merece ni que se lo nombre! –exclama Tony en tono despectivo.

Su madre se da vuelta rápidamente y levanta su mano como para castigarlo:

–¡No quiero que vuelvas a decir algo así! –lo reprende echando chispas por sus ojos– Y menos ahora que el pobre está muerto, te enseñé toda la vida que debías respetar a tus patrones y cuánto más con los Achával que siempre fueron tan buenos con nosotros.

–A todos los demás los respeto porque se lo merecen –comenta el jovencito humildemente–. Don Pedro es un gran hombre, doña Clara era un poco consentida, pero buena y la niña Cecilia es un verdadero ángel, pero del niño Héctor no tengo nada bueno para recordar –y luchando contra el llanto que quiere brotar de su corazón herido exclama–. ¡Yo no puedo olvidar que fue la desgracia de mi hermana!

Antes que doña Blanca pueda reaccionar para reprenderlo nuevamente, escapa con sus ojos llenos de lágrimas hacia el patio de la casa.

La madre intenta ir tras él para castigarlo, pero luego se contiene, dando un profundo suspiro. Queda parada un buen rato en silencio completamente ensimismada en sus pensamientos.

Mientras tanto Cecilia y Juancito siguen recorriendo los distintos lugares de la estancia. La joven observa con nostalgia cada detalle del paisaje y recuerda momentos vividos con su hermano… Allí está la hamaca que su padre les hiciera, colgando dos sogas del tronco de un frondoso árbol. Héctor siempre se hamacaba tan alto que a ella le daba la impresión que a veces tocaba el mismo cielo… Como siempre, debido a su enfermedad, se tenía que conformar con verlo treparse a los árboles del parque. Muchas veces lo envidió al verlo saltar de rama en rama, como si fuera un mono. Su madre, en traje de baño, se recostaba en una reposera, al lado de la pileta, para tostarse con el sol y tomar ese maravilloso color que, según ella, era la envidia de todas sus amigas cuando volvía a Buenos Aires. "¡Pobre mamá, siempre preocupada en su figura!", piensa con tristeza.

Por momentos está tan ensimismada en el recuerdo de sus seres queridos que ha perdido hace poco, que se olvida de su acompañante.

–Niña, ¿está cansada? –la pregunta de Juancito la vuelve a la realidad.

–¡Oh, no, mi amor! –exclama ella prestándole la atención debida– Perdóname, pero a veces me distraigo con mis pensamientos.

–Yo la entiendo, señorita –advierte el pequeño seriamente–. A mí a veces me pasa lo mismo cuando pienso en doña Clara que, siempre me traía juguetes cuando venía a visitarnos o al niño Héctor que me llevaba a cabalgar por toda la estancia o en Marta, que ya no puede estar con nosotros… ¡No sé qué me pasa! Pero siento deseos de llorar.

Cecilia advierte que el niño ha nombrado con mucha tristeza a su hermana, asociándola con sus familiares muertos. Viene a su mente lo sucedido esa mañana con Blanca. Sospecha que el pequeño va a contarle qué está sucediendo:

–Dime, Juancito. ¿Qué le ha sucedido a Marta? ¿Tuvo algún accidente?

El niño se detiene en el camino. Baja su rostro y contesta tímidamente:

–Perdóneme, niña Cecilia, pero papá nos ha prohibido hablar de ella –se frota las manitos con nerviosismo y agrega–. Usted sabe cómo es él. Si llego a romper su palabra me va a castigar y bueno… –levanta tímidamente su rostro avergonzado– ¿Usted no quiere que me pase nada malo, verdad?

Cecilia se conmueve profundamente al ver ese gesto de súplica en el rostro infantil. Como además sabe que don Antonio es severísimo con sus hijos, no duda que cumpliría sus amenazas si el niño llegara a faltar a su palabra. Prefiere no insistir. Observa que el pequeño está a punto de llorar.

–¡Oh, mi amor! No te preocupes –lo anima dulcemente–. Sabes que me dolería terriblemente si algo malo te pasara. Y además –toma la carita del niño con sus manos y lo obliga a mirarla–, yo siempre te enseñé que debes obedecer a tus padres. Así que, si él no quiere que digas nada, debes cumplir tu palabra.

El niño le sonríe aliviado.

–Gracias, niña Cecilia –y sin darle importancia agrega –. De todas maneras, si usted se queda un tiempo en la estancia, seguramente se va a enterar de todo.

Cecilia vuelve a tomar su manito y siguen caminando. No puede dejar de pensar qué puede haber pasado con Marta, para que haya tanto misterio en torno suyo.

CAPÍTULO III

Un secreto develado

Cuando llega la noche Cecilia se encuentra agotada por la caminata que hizo con Juancito recorriendo la estancia, pero contenta de haber pasado un día tomando aire y sol. Ahora siente que sus pulmones funcionan mejor. Aunque se siente muy débil todavía, no ha tenido mareos o vértigos como en Buenos Aires. Se siente agradecida a Dios ante esas nuevas sensaciones. Después de leer su Biblia por un rato, eleva una larga oración de alabanza y gratitud a Dios, por amarla y cuidarla.

Cuando levanta las frazadas, dispuesta a descansar, escucha unos pasos en el comedor y luego unos leves golpecitos en su puerta. Intrigada, va a abrir y encuentra a Tony que le hace señas para que haga silencio y le pide en voz muy baja que le permita pasar.

—Estuve esperando largo rato hasta que se durmiera papá para venir hasta aquí sin que él se dé cuenta.

Cecilia lo mira intrigada.

—¿Por qué tanto misterio? ¿Pasa algo malo? —le pregunta

también en voz baja advirtiendo que el jovencito acaba de hacer algo fuera del permiso de sus padres. Se encuentra desconcertada ante esa actitud inusual en Tony, siempre obediente y dispuesto a cumplir hasta lo mínimo para agradarles.

–Quiero que me acompañe hasta la casa donde vivíamos cuando papá era capataz; pero no quiero que nos vean porque recibiría una golpiza.

–Pero, ¿qué pasa Tony? –pregunta Cecilia, ya completamente nerviosa.

–No se lo puedo explicar ahora –el jovencito mira insistentemente hacia la puerta–. Venga conmigo y lo va a entender.

Cecilia se da cuenta que debe ser algo importante para que Tony obre de esta manera, así que sin preguntar nada más, alza un abrigo y lo sigue a través de la casa. Cuando pasan por el gran patio a oscuras, la joven tropieza varias veces con los objetos desparramados. Tony la va guiando hasta la casa mencionada antes y que ahora se ha convertido en lugar de almacenamiento.

Muy despacio, el jovencito llama a la puerta y sin esperar respuesta, invita a la joven a penetrar al interior.

Al entrar y debido a la tenue luz de una vela que alumbra el ambiente, Cecilia no alcanza a distinguir bien los objetos. Antes que sus ojos se acostumbren a la penumbra, se encuentra en los brazos de una muchacha que, al reconocerla, ha corrido a su encuentro.

–¡Marta! –exclama Cecilia reconociéndola. La sorpresa primero y la emoción después, las dejan mudas por un instante. Reponiéndose un poco, Cecilia pregunta extrañada:

–¿Qué haces metida aquí? ¿Por qué no estás con los tuyos?

Marta se encuentra sumamente turbada:

–Papá me encerró aquí y no me permite salir –la voz se le

quiebra y comienza a sollozar.

Cecilia está tan sorprendida que abre sus ojos desmesuradamente. Recién en ese momento advierte que Marta está embarazada y su estado es ya muy avanzado. Ante la sorpresa que está contemplando entiende el misterio que su familia guarda en torno a ella. Seguramente Antonio, en su severidad, no pudo soportar esta situación que lo avergüenza y ha prohibido a su familia hablar del tema.

Se encuentra tan confundida ante este descubrimiento, que en un primer momento no atina a articular palabra. Luego, trata de apaciguar su inquietud y se percata de por qué Tony la ha llevado hasta ahí. Aunque no entiende el motivo del jovencito, advierte que debe ser algo importante para que se haya arriesgado tanto. Mirando a uno y otro hermano repetidas veces, pregunta sinceramente:

–¿Qué esperan que haga por ustedes?

A Tony se le iluminan los ojos.

–¡Yo sabía que podíamos contar con usted! –exclama alegremente– Ni bien me enteré que se había salvado del accidente y pensaba venir a la estancia, le dije a Marta que era la única que podía ayudarla –y en tono de verdadera súplica agrega– ¡Por favor, señorita! ¡Ayude a mi hermana!

–Voy a hacer todo lo que esté a mi alcance –contesta la joven conmovida ante la confianza que ha despertado en esos jovencitos–. Pero quiero saber qué es lo que sucede realmente, ¿por qué Marta está aquí?

La joven aludida la conduce hasta un catre que le sirve de cama, al lado de unas bolsas de cereales y, mientras la invita a sentarse a su lado, comienza a contar:

–Cuando papá se enteró de esto –señala su abultado vientre –, además de darme una terrible paliza, me encerró aquí y me prohibió que saliera para nada. Yo quise explicarle, pero… –su voz se quiebra por el llanto y no puede seguir hablando.

Tony, que ha permanecido algo alejado, interviene:

–Papá la encerró aquí y les dijo a todos nuestros conocidos que la había mandado a trabajar a Córdoba. A nosotros nos prohibió terminantemente que reveláramos la verdad a nadie –el jovencito mira de reojo a su hermana y continúa–. Yo, al principio, no me daba cuenta lo que él pensaba hacer, pero hace poco escuché una discusión que tuvo con mamá y entonces me asusté.

–¿Pero qué piensa hacer tu padre? –la pregunta sale incontenible de los labios de Cecilia que advierte, por la gravedad de la voz de Tony, que se trata de algo realmente malo.

Marta comienza a llorar desconsoladamente, mientras su hermano trata de calmarla, sin conseguirlo. Cecilia, aunque desconcertada, observa la escena conmovida. En ese momento, Tony parece su hermano mayor, cuando en realidad Marta le lleva más de cinco años.

Después de un buen rato de suaves palabras y caricias fraternales, Tony consigue que su hermana se calme un poco. Aunque todavía se escuchan algunos sollozos, continúa su relato.

–Además de encerrarla aquí, no permite a ninguno de la familia venir a verla. Solamente podemos traerle lo indispensable para que subsista –Cecilia se encuentra cada vez más asombrada y no aparta sus ojos de Tony que continúa–. A pesar de todo, mamá siempre se las ingenia para darme alguna otra comida; pero tengo que esperar la noche y que él se duerma para traérsela –se detiene un minuto mirando a su hermana–. Lo peor de todo es lo que ha planeado hacer cuando ella enferme al tener a su bebé. No permitirá a nadie que venga a ayudarla… Y si llega a sobrevivir, piensa matar a la criatura.

–¡Eso es terrible! –exclama Cecilia indignada, llevándose una mano al corazón.

–Por eso quería que usted viniera –continúa Tony con un nuevo brillo en su mirada–. En estos días yo me las ingenio para venir a cada rato para comprobar cómo está Marta. Pero como ya le falta muy poco para parir, cuando llegue el momento, pensé ir a avisarle a usted para que venga a atenderla. ¡Así se podrá salvar ella y la criatura!

–¡Oh, Tony! –exclama Cecilia dolorida, comprendiendo por fin la clase de ayuda que el jovencito le pide– Yo no puedo atender a Marta.

–Pero usted ha estudiado, niña.

–Sí, Tony, pero estudié enfermería, no medicina –Cecilia, a pesar de su deseo de permanecer serena, se encuentra muy nerviosa. Trata de explicar, lo mejor posible, los motivos que tiene para rechazar ese pedido–. ¡Un parto en este lugar es imposible! –mira con aprensión todo lo que la rodea– Este depósito está sucio y hay de todo, ¡hasta ratas! Ni siquiera tengo el instrumental apropiado. Si llego a atender aquí a Marta, en vez de ayudarla, le podría ocasionar la muerte por alguna infección –Cecilia sigue tratando que los jóvenes entiendan las razones de su negativa. Al cabo de un rato, se da cuenta que no logra convencerlos. Su mente funciona a mil revoluciones, tratando de encontrar una solución al problema.

–Mirá, Tony. Voy a tratar de hablar con Antonio. Tengo que encontrar el modo de persuadirlo de lo terrible que piensa hacer. Trataré de…

–¡Ni lo piense, niña! –la interrumpe el jovencito– Usted no se imagina todo lo que hizo mamá para que cambie de actitud, sin conseguirlo. ¡Al contrario! Cada vez se pone más terco. Y si ahora se entera que yo le he contado a usted esto, le aseguro que me mata –Tony mira con verdadera ansiedad a Cecilia y agrega en un ruego–. Atiéndala usted, niña… Yo sé que es capaz de hacerlo. Cuando tuvo que atender la yegua de papá, lo hizo mejor que un doctor.

–¡Oh, Tony! –exclama Cecilia compungida– ¡Eso es completamente distinto! En un animal, la vida no es tan importante como en un ser humano.

La joven siente sobre ella, miradas llenas de súplica y esperanza y se da cuenta que debe encontrar una solución. Aunque está totalmente confundida por este descubrimiento y todas sus consecuencias, trata de pensar en alguna salida posible, sin arriesgar la vida de la muchacha ni de su criatura. Después de meditar un rato, exclama sonriente.

–¡Ya sé lo que haremos! –los dos hermanos la miran ansiosamente– Tú Tony, cuando te enteres que Marta está con contracciones, me avisas inmediatamente. Luego te las ingenias para que Antonio se aleje de este lugar, así me das tiempo para venir, sacar a Marta y llevarla en el auto hasta el pueblo para que la atienda el doctor.

Tony intercambia una mirada indefinida con su hermana. Cecilia no alcanza a comprender el significado de dicha mirada, por lo que pregunta, intrigada:

–¿No les gusta la idea? ¿O piensan que no va a ser posible?

Tony se encoge de hombros:

–Si usted lo dice, señorita –responde tímidamente–. Yo no tengo problema, pero… –se detiene indeciso.

–¿Qué pasa? –pregunta Cecilia sin terminar de entender.

Tony levanta la mirada y luego de una nueva vacilación, se decide a contestar:

–Lo que pasa, niña, es que no sé si el doctor Roldán va a querer atender a mi hermana.

–Pero, ¿por qué no? –Cecilia mira a los hermanos pidiéndoles una explicación.

–El doctor Roldán fue mi novio, Cecilia –interviene Marta, que ya ha dejado de llorar–. Y cuando se enteró que estaba embarazada, me dejó.

–¿Es el padre de la criatura?

–¡Oh, no, niña! –exclama Marta rápidamente– Víctor fue muy bueno conmigo y siempre me respetó, pero confiaba demasiado en mí y no pudo soportar que lo engañara –la joven baja la vista avergonzada.

–Por eso no sé si querrá atenderla –termina de explicar Tony.

Cecilia se encuentra cada vez más confundida. Luego de vacilar unos instantes, exclama:

–¡Pero es médico! Y como tal, debe atender a sus pacientes, sea quién sea.

Los dos jóvenes hermanos vuelven a intercambiar una mirada indefinida y Tony exclama decidido:

–¡Tiene razón, niña! ¡El deberá atender a mi hermana a pesar de todo! ¡Para eso es médico! –con un nuevo brillo en su mirada añade– Haremos todo como usted lo pensó y cuando papá se entere, no se animará a decirle nada, porque usted es la hija del patrón. Y como ya habrá pasado todo –se encoge graciosamente de hombros–, no me importará la paliza que voy a recibir. De todos modos, ya no podrá evitar que Marta y su bebé estén vivos.

Cecilia se conmueve profundamente al escuchar a ese jovencito, de apenas trece años, que en ese momento asume la responsabilidad de un hombre mayor al enfrentarse a la ira de su padre, con tal de salvar a su hermana de un sufrimiento peor. Muy dentro suyo siente nostalgia de ese gran cariño que advierte en aquellos hermanos y del cual ella careció. Héctor siempre la trató como un ser inferior debido a su enfermedad. No le importaba importunarla constantemente, burlándose a veces de su debilidad o de su falta de energías para los deportes o las actividades en los que él siempre sobresalía. Por unos instantes se pierde en sus propios pensamientos, pero se repone rápidamente y exclama decidida:

–¡No sé cómo lo vamos a hacer! Pero no duden que tanto Marta como su hijito estarán debidamente protegidos.

–Gracias, Cecilia –Marta se levanta y la abraza emocionada–. Yo sabía que no me ibas a defraudar.

La joven agradece conmovida. Luego combinan todos los detalles de aquella escapada y deciden volver a la casa principal, con la esperanza que su ausencia no haya sido advertida.

CAPÍTULO IV

La llegada más esperada

En los días siguientes, Tony se las arregla para tener a Cecilia al tanto de todos los síntomas de Marta.

Pasan dos semanas sin que suceda nada nuevo.

Una tarde, mientras recorren la estancia en una de sus caminatas habituales con Juancito, Cecilia advierte que se avecina una tormenta. Aunque están a muy poca distancia de la casa, deciden regresar.

Pasa apenas una media hora más y comienza a llover copiosamente. No deja de hacerlo hasta entrada la noche. Como, además, hay muchas descargas eléctricas, Juancito pide a su madre que lo deje dormir con Cecilia en su cuarto.

La joven con mucha paciencia y amor, le cuenta historias de la Biblia, tratando de distraerlo para que se olvide del temor que siente por las tormentas eléctricas. Ella sabe que dicho temor se debe a que, en varias ocasiones, al caer rayos o centellas, ha matado animales en el campo y eso mantiene impresionado al niño.

Por fin, cerca de medianoche, logra que se duerma profundamente. Cuando ya se dispone ella también a imitarlo, siente que alguien llama muy suavemente. Se levanta y se dirige apresuradamente a la puerta.

–¿Qué pasa, Tony? –Cecilia observa el rostro del muchacho totalmente mojado y su cuerpo cubierto con un pilotín.

–Es Marta, niña Cecilia –contesta el jovencito completamente nervioso–. Recién fui a verla y parece que se ha enfermado para tener el bebé.

–¡Con esta noche! –exclama Cecilia contagiada con los nervios de Tony. Su mente trabaja aceleradamente pensando qué pueden hacer– Y Antonio, ¿dónde está? –pregunta de repente, acordándose que es el principal obstáculo.

–¡Oh, señorita! ¡Por él no se preocupe! –contesta el jovencito con gesto displicente– Cuando comenzó a llover tuvo que ir hasta el final del campo para guarecer los animales que se dispersan por las tormentas. Seguramente no pudo volver por la lluvia y debe haberse quedado en la casa de algún peón –mirando con verdadera ansiedad a la joven, agrega–. Pero el problema es cómo va a llevar a Marta hasta el pueblo. ¡El camino está intransitable!

Cecilia, mientras Tony sigue hablando, entra al dormitorio, se viste rápidamente, con lo que encuentra a mano para protegerse de la lluvia, tratando de no hacer ruido para no despertar a Juancito. Cuando está lista, va a la biblioteca y alza las llaves de su automóvil.

Tony la observa, incrédulo.

–¿Piensa ir al pueblo?

–De alguna manera tenemos que llegar –explica Cecilia, tomándolo del brazo. Apura el paso hasta salir de la casa. Al llegar al patio, lo cruzan corriendo bajo la copiosa lluvia. En un instante llegan hasta donde está Marta recostada en su catre. Una sola mirada le basta a Cecilia para darse cuenta que la criatura no va a tardar en llegar. Sin perder un minuto, alza el bolso con la ropa que, con tanto amor, estuvo preparando para la llegada de ese inocente ser. Mientras tanto, Tony ayuda a su hermana a vestirse y llegar al garaje.

Después de acomodarla en el asiento del coche, se vuelve a Cecilia, que ya se ha instalado al volante, dispuesta a conducir.

–Déjeme acompañarla, niña –le pide en tono de súplica–. Quizás le pase algo en el camino y va a necesitar ayuda.

Cecilia duda un instante, pero luego, dándose cuenta que será lo mejor, accede a su pedido.

Emprende el viaje hacia el pueblo en medio de una lluvia intensa.

El auto, a pesar de todos los esfuerzos de la joven por mantenerlo en el sendero, a cada momento, resbala en el barro del camino. Varias veces tiene que bajar Tony para volverlo a su lugar.

"¡Oh, Señor!, clama Cecilia en su interior, al ver que, por momentos, parece que es imposible seguir avanzando, ¡Ayúdanos a llegar al pueblo!".

Ese clamor es escuchado. Aunque con mucho trabajo, llegan al pueblo y, en unos instantes más, hasta el consultorio del médico.

Antes que el vehículo se haya parado totalmente, Tony desciende y corre a golpear la puerta. Debe llamar bien fuerte y varias veces hasta que vienen a atender.

–¿Qué sucede? –se escucha una voz femenina desde el interior de la casa.

–¡Por favor, señora! –ruega el jovencito desesperado– ¡Abranos! Buscamos al doctor Roldán para que atienda a mi hermana.

La señora corre el cerrojo de la puerta y, al abrir, se queda parada observando sorprendida a Tony totalmente mojado y cubierto de barro.

–¿Qué te ha pasado? –pregunta, invitándolo a entrar.

–Buscamos al doctor –explica Tony sin aceptar la invitación–. Dígale, por favor que venga, mi hermana se encuentra muy enferma.

Recién en ese momento la señora advierte la presencia de Marta en el auto junto a Cecilia. Vacila nuevamente y contesta tristemente:

–Víctor no está.

El joven la mira incrédulo:

–¿Qué dice? ¿Y dónde está el doctor?

La señora se encoge de hombros y baja la vista, sin responder. Tony la sigue mirando un momento, esperando alguna explicación. Luego, cayendo en cuenta de algo, se vuelve y corre bajo la lluvia hasta el auto.

–El doctor no está, niña Cecilia –le grita a través del vidrio apenas bajado de la ventanilla–. Su madre no sabe dónde fue… pero yo sé dónde lo podemos encontrar –agrega sin convencimiento–. Aunque no creo que esté en condiciones de atender a mi hermana.

Cecilia lo mira, sin comprender.

–¿Qué dices?

–Seguramente está en el boliche, como siempre –explica Tony nervioso–, pero a esta hora no creo que se pueda tener en pie, así que tampoco podrá atender a mi hermana ¿Cree usted que podremos llegar a la ciudad?

–¡Ni soñarlo! –exclama Cecilia mirando de reojo a Marta que se retuerce– ¡Ya falta poco!

–Entonces, ¿qué podemos hacer? –pregunta Tony desesperado.

Cecilia, medita un instante. Luego abre la puerta de atrás del auto decididamente.

–Entra… iremos a buscar al doctor… Indícame dónde queda la taberna.

–¡Pero niña! –protesta Tony mientras se acomoda en el asiento– A esta hora ya ni siquiera sabrá quién es él.

–Tú déjalo por mi cuenta –comenta Cecilia, poniendo en marcha nuevamente el auto.

Conduce por donde la indica el jovencito. Al llegar a una de las pocas casas donde todavía hay luz, Tony le indica la puerta donde funciona la venta de bebidas.

Cecilia baja decididamente y penetra al interior.

Cuando aparece en el pequeño salón, las miradas de los pocos parroquianos que todavía quedan, se vuelven, mirándola incrédulos, extrañados de la presencia femenina en aquel lugar y a esa hora.

Cecilia duda un instante, cohibida ante aquellas miradas. Luego recuerda el motivo que la llevó hasta allí. Cruza a grandes pasos el salón hasta llegar al mostrador que está al final del mismo.

–¿Está el doctor Roldán? –pregunta a un señor con rostro soñoliento que se encuentra sentado al otro lado.

El hombre la mira de arriba abajo y sin pronunciar palabra, le señala un sujeto que se halla tumbado medio cuerpo sobre la mesa, con una botella de bebida a su lado y un vaso a medio tomar. Totalmente ebrio.

Cecilia se vuelve y camina despacio hacia donde le han indicado. Cruza el salón y observa detenidamente a Víctor que, a consecuencia del alcohol ingerido, se encuentra totalmente dormido.

Por un momento Cecilia siente deseos de golpearlo hasta hacerlo reaccionar. Se contiene, sintiendo que su corazón se compadece de ese ser tan joven que ya ha sido ganado por el vicio de la bebida, a tal punto, que lo ha denigrado hasta parecer un despojo humano.

A pesar de la repulsión que todo el ambiente le produce, sabe que debe hacer algo pronto. La hora avanza y el estado de Marta es apremiante.

Llega hasta la mesa y lo llama tímidamente.

–Doctor Roldán… Doctor… –Víctor no se mueve de su posición. Intenta palmearlo en el hombro– ¡Por favor, doctor! ¡Lo necesitamos!

Con gran alivio, Cecilia ve al médico que levanta un momento el rostro hacia ella. La mira por unos instantes con ojos soñolientos y sin articular palabra, vuelve a acomodar su cara entre las manos cruzadas sobre la mesa.

Cecilia no sabe qué hacer. Hasta ahora ha ido con delicadeza, pero al comprobar que de esa manera no consigue nada, va decididamente al mostrador, toma un sifón de soda. Se vuelve y lo vacía en el rostro del médico.

Víctor se sobresalta al recibir el primer chorro de soda y se levanta trastrabillando. Cecilia sigue echándole el líquido en su cara, hasta despabilarlo totalmente.

Cuando pasa un poco su sorpresa, el médico se dispone a atacar a quien se atrevió a semejante cosa. Aunque aturdido, calcula que se trata de algún parroquiano amigo, o quizás, el dueño del salón, pero cuando se dispone a pelear, advierte que su atacante es una joven que lo mira desafiante.

–¿Qué le pasa a usted? ¿Se ha vuelto loca? –le pregunta gritando, secándose el rostro con una manga de su saco, también mojado.

–Lo llamé varias veces –explica Cecilia con voz firme dejando el sifón en la mesa–, pero como no podía despertarlo, tuve que recurrir a algo más drástico.

Víctor sigue mirando a esa joven, totalmente mojada y cubierta de barro. Trata de hacer memoria, pero no puede recordar haberla visto nunca en el pueblo.

–Vine a buscarlo porque lo necesitamos –explica Cecilia, incómoda por el escrutinio del médico–. Tengo en mi auto una joven que necesita ser atendida.

Víctor seca un poco el rostro con un pañuelo que saca del bolsillo. Parpadea varias veces e intenta tomar nuevamente el vaso depositado en la mesa. Cecilia lo detiene, aferrando su brazo con firmeza.

–No, doctor Roldán –le advierte seriamente–. Ahora necesito que esté lúcido para lo que tiene que hacer –sin esperar contestación, coloca el brazo de Víctor en su hombro y lo saca del lugar, casi a la rastra.

Después de acomodarlo en la parte de atrás del auto junto a Tony, se instala nuevamente al volante y conduce hasta el consultorio del médico. Desciende y ayuda a bajar a Marta. Como Víctor no puede siquiera descender del vehículo, indica a Tony:

–¡Ayúdalo y ve a preparar un café bien cargado!

El muchacho obedece y con bastante dificultad logra introducirlo en el consultorio hasta la sala de espera. Lo deja tendido en una silla y va hasta la cafetera de la sala a preparar el café. Al volver, ya Víctor ha logrado sentarse. Lo toma por la nuca obligándolo a beber hasta el último sorbo. Lo ayuda a ponerse de pie y lo conduce hasta el consultorio donde Cecilia ya ha acomodado a Marta en la camilla.

La soda en su rostro y el café de Tony, van consiguiendo su efecto. La mente de Víctor se despeja poco a poco. Al dirigir su mirada a la camilla, se da cuenta la identidad de su paciente.

En ese momento afloran sus sentimientos incontenibles. Su primera intención es echarla. No está dispuesto a prestarle sus servicios.

Al desviar un momento su mirada hacia Cecilia, se sorprende al verla con delantal de enfermera y acomodando el instrumental necesario en la mesita al lado de la camilla. Queda desconcertado sin saber qué hacer.

–Venga que lo ayudo a lavarse… –cordialmente Cecilia le señala el baño a un costado del consultorio.

Víctor observa una vez más a Marta que se retuerce de dolor y dócilmente se dirige al lugar que le indica la joven.

–¿Por qué me la trajo a mí? –pregunta a Cecilia mientras se lava las manos.

–¿Y a quién quiere que se la lleve? –interroga a su vez la joven sonriente, alcanzándole una toalla– Usted es el único médico en Copacabana.

Víctor recibe la toalla y mientras seca sus manos, observa por el espejo a las dos jóvenes simultáneamente.

Cecilia, con toda naturalidad, llega hasta la mesita y le alcanza los guantes.

–¿Usted es enfermera? –cuestiona intrigado.

Cecilia asiente sin palabras.

–¡Apúrese que ya viene! –le indica sin más explicaciones y se dedica a atender a Marta– No te preocupes. Tu bebé llegará dentro de muy poco –la consuela, mientras seca la transpiración de su rostro.

Tony ha quedado en la sala de espera. Cecilia le ha dicho

que se quede tranquilo, pero hay momentos que no puede dominar sus nervios. Pasea de un extremo a otro de la sala, tratando de calmarse. ¡Quizás si lee alguna revista! Toma una de las que se encuentran en una mesita y se sienta en una silla. Se esfuerza por atraer su atención a la lectura. ¡Es inútil! Se levanta de nuevo y vuelve a caminar.

Pasan unos minutos, que a él le parecen siglos. De repente se oye el llanto de un bebé a través de la puerta del consultorio.

–¡Ya nació! –exclama en el colmo de sus nervios. "¿Qué será?", se pregunta mirando en dirección donde se escucha llorar la criatura. Desea estar adentro, pero sabe que no debe hacerlo, al menos por unos minutos.

Se pasea una vez más, frotándose las manos transpiradas, cuando escucha una voz femenina que lo llama. Entra corriendo y contempla extasiado a Cecilia que toma el bebé y lo deposita en sus brazos.

–¡Es un hermoso muchacho! –exclama alborozada la joven y se vuelve para ayudar a Víctor a acomodar el instrumental para esterilizarlo.

Tony hamaca su sobrino que no deja de llorar.

–Tiene unos lindos pulmones –comenta risueño, tratando de contener el llanto para demostrar su hombría.

Cecilia se conmueve profundamente al observar el brillo en los ojos del muchacho que desborda de alegría. Contiene la risa que le causa la manera que tiene Tony de sostener a su sobrino. Parece que tuviera algo de cristal que se puede romper en cualquier momento. Se da cuenta que los hermanos necesitan estar un momento a solas para que afloren sus emociones contenidas. Marta descansa en una cama, con el agotamiento propio del trance que ha pasado. Cuando se dispone a retirarse, la joven madre toma una de sus manos.

–Gracias, Cecilia –alcanza a balbucear emocionada –. Sin tu

ayuda no sé qué hubiera sido de mí.

–Se lo debes agradecer a Dios –contesta la joven amiga apretando la mano extendida entre las suyas–. Sin Él no hubiéramos podido hacer nada. Piensa de qué manera sucedió todo: alejó a Antonio, nos ayudó a llegar en medio de semejante tormenta y… –se detiene al observar que Víctor se ha retirado y mantiene su cabeza gacha– y también debes agradecerle al doctor Roldán que te atendió.

Marta levanta su mirada hacia el médico que permanece en un rincón. Es la primera vez que lo ve, desde que fue a su casa para aclarar la situación de su noviazgo. "Pobre Víctor!", piensa conmovida, "¡Cuánto cambió desde que éramos novios! Está avejentado, más delgado. ¡Qué tremendo daño le causé al engañarlo de esa manera!".

En ese momento observa cómo, a pesar de sus esfuerzos, el médico no puede terminar de sacarse los guantes. "¡Cómo tiritan sus manos! ¿Serán los nervios o la bebida?".

Cecilia también advierte el momento de apuro por el que Víctor está pasando y como si fuera lo más natural, se llega hasta él y lo ayuda.

–Es muy tarde y usted debe descansar –le dice en tono suave–. Vaya a recostarse. Yo me quedaré con Marta por si necesita algo.

Víctor levanta la vista, extrañado de ser tratado con tanta delicadeza. Al encontrarse con aquella mirada limpia y serena, siente una tremenda vergüenza de su estado. Baja la vista, sin saber qué decir. Ella lo toma del brazo, como si fuera un niño, y lo acompaña hasta una habitación del interior de la casa.

Cuando regresa advierte que ha dejado de llover.

–Cuando amanezca iré a la estancia para aclarar todo.

Marta se incorpora un poco y le manifiesta el deseo de ser

ella misma la que le dé la noticia a su padre.

–¡Eso ni lo pienses! –exclama Cecilia decidida– Si llegas a enfrentarte sola a tu padre, no sé qué puede pasar. Además, tú no estás en condiciones de levantarte todavía. Podrías enfermarte y tienes que estar en óptimas condiciones para criar a esta hermosura –toma al bebé que duerme plácidamente en los brazos de Tony y lo acuesta al lado de la muchacha, ubicada en otro de los dormitorios.

Después de arroparlos bien, se vuelve al jovencito que permanece quieto al lado de la puerta.

–Ven a descansar tú también que buena falta te hace.

–¿Y usted? –pregunta Tony mientras se saca la ropa embarrada.

–Voy a esterilizar el instrumental y a limpiar un poco el consultorio. Por el desorden que reina allí, se ve que hace mucho que nadie se ocupa de él –Tony quiere protestar, pero Cecilia le indica que haga silencio–. No te preocupes por mí. Estaré bien. Además, aunque me acostara, no podría conciliar el sueño –le guiña un ojo y sale apagando la luz.

Da un profundo suspiro y queda parada, apoyada en la puerta. Su mirada recorre cada rincón del consultorio. No sabe por dónde empezar a componer el caos que reina allí. Cuando comienza a caminar, descubre que ha comenzado a temblar. ¡Claro! Si todavía no se ha cambiado la ropa mojada. Se dirige a un armario cercano y saca algunas prendas que debieron ser de alguna enfermera en otro tiempo. Después de ducharse en el pequeño baño del consultorio, lava un poco su ropa y la pone a secar al lado de una estufa.

En un rato más se dedica a limpiar y acomodar el lugar. No quiere pensar en lo que le espera al día siguiente. Aunque ha aparentado tranquilidad frente a los dos hermanos, su corazón tiembla al pensar que deberá enfrentarse sola a la ira de

Antonio. Sabe que eso será lo mejor y confía que el respeto que siempre demostró hacia ella ese rudo campesino, le ayude ahora a solucionar aquello sin demasiadas complicaciones. También se siente débil e impotente sabiendo sus limitaciones. Eleva su corazón al cielo, sabiendo que Dios es el único que tiene el poder para socorrer y proteger a sus hijos en momentos de necesidad.

CAPÍTULO V

Hora de la verdad

El día siguiente amanece claro y soleado. Cecilia cambia al bebé y antes de dirigirse a la estancia, encarga a Tony que se ocupe de su hermana.

No ha dormido en toda la noche. A pesar del cansancio, los nervios contenidos la ayudan a mantenerse despierta. Mientras maneja, su mente trabaja incansablemente buscando el modo de enfrentar la ira de Antonio.

Llega a la estancia y va directamente a la cocina. Doña Blanca la ha esperado ansiosamente. Al verla llegar, corre hacia ella. Una sola mirada le basta para darse cuenta que Blanca también pasó una mala noche. A veces es preferible el dolor a la incertidumbre.

En pocas palabras, le relata lo sucedido desde que salieron para el pueblo. A medida que habla, los ojos de Blanca se humedecen y lágrimas se deslizan por su rostro. Cuando Cecilia termina el relato ya llora desconsoladamente. La joven la abraza y deja que suelte el cúmulo de sentimientos contenidos.

Al cabo de un rato, Blanca se relaja:

–¡Nunca terminaré de pagarle lo que ha hecho por mi hija! –exclama conmovida, mientras la mira agradecida.

–Agradézcale al Señor, Blanca –Cecilia sonríe–. Si Él no nos hubiera ayudado, yo no podría haber hecho mucho.

–Tiene razón, niña –reconoce humildemente la mujer–. Él contestó mis oraciones. Si usted supiera en la angustia que tuve que vivir estos últimos meses, pensando que Antonio pudiera cumplir sus amenazas.

–Bueno. Ya pasó todo. Marta está bien y su bebé también. Ahora debemos rogarle al Señor que ella pueda criarlo en sus caminos y que ese angelito no deba sufrir el error de sus padres –Cecilia toma a Blanca del hombro y la conduce hasta una silla, al lado del mesón de la cocina, mientras ella hace lo propio. Después que están ubicadas, la joven pregunta algo que ha estado dando vueltas en su cabeza desde la noche anterior.

–Dígame, Blanca, ¿hace mucho que el doctor Roldán se dedica a la bebida?

La mujer baja la vista y comienza a jugar nerviosa con sus manos.

–Desde que Marta lo dejó o mejor dicho– rectifica en un murmullo –, desde que él dejó a mi hija, cuando se enteró que estaba embarazada –dudando un instante, añade–. Ellos eran novios, ¿sabe?

–Eso ya me lo dijo Marta –explica Cecilia seriamente–, pero… lo que le pregunto es si antes, cuando era novio de su hija, ¿también bebía?

–¡Oh, no! –exclama seriamente la mujer– Víctor era un excelente muchacho. Desde que llegó al pueblo, para reemplazar al doctor Saldívar, se ganó el aprecio de todos. Atendía a sus pacientes de día y de noche sin descanso, recorría leguas para visitar a los enfermos de la zona y siempre terminaba dándoles los remedios, porque usted sabe que aquí todos somos pobres.

–Pero, ¿cuándo empezó a tomar? –pregunta Cecilia intrigada– Del modo que tiemblan sus manos se ve que está dominado por la bebida.

–¡Oh, mi niña! –exclama compungida la mujer mayor– Es que usted no sabe cuánto quería y confiaba en mi hija. Víctor, a pesar de ser tan joven, es completamente honesto, y no pudo resistir el engaño –aunque se esfuerza por mantener la calma, se le quiebra la voz–. Por eso su madre no puede perdonarnos, ella nos culpa del derrumbe moral de Víctor. Antes era un muchacho jovial, activo, siempre dispuesto a ayudar a los demás y desde que pasó eso, se ha abandonado y ni siquiera atiende su clínica debidamente –levantando la vista hacia Cecilia, la mira a través de las lágrimas–. Le aseguro, niña, que él no merecía lo que le hizo mi hija.

La joven, aunque suponía todo esto, comprende mejor lo que ha pasado. Pero hay algo que todavía la intriga:

–Dígame, Blanca ¿quién es el padre de la criatura?

La mujer queda callada un instante, indecisa. No quiere revelar sus sospechas.

–No lo sé, mi niña –contesta en voz baja–. Marta nunca quiso decírmelo, pero me aseguró que no había sido Víctor.

Cecilia se da cuenta que su amiga no quiere seguir hablando. No quiere importunarla más y cambia el tono de su voz.

–Bueno. Por el momento lo que importa es que Marta se encuentra bien y puede criar a su hijito –mirándola picarescamente agrega–. A prepararse para cuidar a su nietito.

–¡Oh, mi niña! –exclama con voz dolida la mujer– ¡Cómo quisiera poder hacerlo! Pero Antonio no lo permitirá. Cuando se entere que usted ayudó a mi hija, no sé qué puede pasar. Estoy segura que no permitirá que Marta vuelva a casa. Eso me lo anticipó muchísimas veces y estoy segura que lo va a cumplir.

–¡Pero eso es absurdo! –exclama Cecilia indignada– ¡Marta es su hija! ¡Y no puede echarla de su casa como si fuera un animal!

–¡Usted no sabe de lo que es capaz mi marido!

–Eso no importa –prosigue la joven. Se levanta decidida– ¿Dónde está ahora para hablar con él?– ¡Dios la proteja, mi niña! –exclama compungida la mujer, indicándole el lugar donde se encuentra su esposo.

Cecilia sale con paso ligero de la cocina, pero a medida que avanza su andar se va reduciendo hasta que al llegar frente a la puerta del escritorio, se detiene. No se anima a entrar. Lleva su mano al pecho y siente los acelerados latidos del corazón. "¡Dios mío, ayúdame!", clama en su interior. Sus manos comienzan a temblar. Sus piernas apenas la sostienen.

Antes de ponerse más nerviosa, se decide y abre la puerta del escritorio.

–¡Buen día! –saluda al entrar.

–¡Niña Cecilia! –exclama asombrado Antonio– ¿Qué hace levantada a esta hora? Tendría que quedarse más tiempo en cama como le aconsejó el doctor.

Cecilia se da cuenta al instante que el hombre no sabe nada de lo que ha sucedido la noche anterior.

–Anoche no me acosté –explica tímidamente. Viendo el asombro que su revelación ha despertado, se decide a revelarle la verdad–. Anoche llevé a Marta al pueblo, para tener su bebé, don Antonio.

El asombro primero y la ira después mantienen tieso al administrador. Cecilia siente que sus fuerzas están llegando al límite.

–Sé que usted no permitía que nadie la viera –continúa hablando a borbotones– también pensaba dejar que tuviera sola su bebé, pero gracias a Dios, pude enterarme a tiempo y la llevé para que la atendiera un médico como corresponde en estos ca...

–¿Quién es usted para entrometerse en los asuntos de mi familia? –la interrumpe el hombre con un grito. Sus puños se crispan a tal punto que los nudillos se ponen blancos de la ira– ¿Quién le avisó de Marta y su estado?

–Eso ahora no importa –contesta Cecilia, tratando de mantener la calma. Hace un esfuerzo tremendo para mantenerse en pie. Su vista se nubla. Las fuerzas la abandonan. Alcanza a divisar borrosamente a Antonio que viene hacia ella y pierde el conocimiento. Su débil organismo y la falta de descanso han hecho que colapse. Sin que el hombre alcance a llegar hasta ella, se desploma, sin sentido.

Don Antonio se apresura a llegar al lugar donde yace el cuerpo inerte de la joven. Está desconcertado, pero al ver la palidez mortal de la joven, se olvida por completo de su problema. La toma en sus brazos y grita desaforado:

–¡Blanca, Blanca!

En el momento que deposita el cuerpo de la joven en un sillón, aparece su esposa, temblando.

–¿Qué pasa? ¿Por qué esos gritos? –pregunta desconcertada. Al ver a Cecilia desmayada, se vuelve a su marido indignada– ¿Qué le ha sucedido? ¿Te atreviste a golpearla?

–¿Qué estás diciendo, mujer? –se queja Antonio irritado– Yo estaba parado al otro lado del escritorio y no advertí que se desplomaba. No sé qué le pasó.

–¡Pobre, mi niña! –exclama Blanca conmovida– No pudo resistir tanta tensión –se arrodilla al lado del sillón y le da unas palmadas en el rostro de la muchacha que sigue sin conocimiento.

–Eso lo vamos a arreglar después –amenaza Antonio yendo hacia la puerta–. Ahora voy a mandar un peón al pueblo para que busque al médico. ¡Lo único que falta es que don Pedro me culpe de la muerte de su hija!

–¡No digas estupideces! ¿No te das cuenta que solo está desmayada?

Sus últimas palabras no son oídas porque Antonio sale a grandes pasos para llamar un peón.

Cuando queda sola, la mujer busca las sales aromáticas tratando de reanimar a la joven. Después de bastante esfuerzo logra que Cecilia se recupere un poco.

–¿Qué… me pasó? –alcanza a balbucear la joven abriendo apenas sus ojos.

–¡Niña, por fin! –Blanca da un profundo suspiro de alivio. Al ver que Cecilia mira desconcertada a su alrededor, le explica– Se desmayó, mi niña. Vino a hablar con Antonio y al ratito él me llamó. Gritaba tan desesperado que pensé que había pasado algo malo. Vine corriendo y cuando la vi tendida en el sillón, pensé que mi esposo le había pegado. Después me di cuenta que sólo estaba desmayada. ¡Gracias a Dios!

Cecilia, trata de recordar los detalles y esboza una débil sonrisa:

–¡Qué oportuno fue mi desmayo! –suspira aliviada– Por un momento pensé que Antonio iba a descargar su ira contra mí cuando se enteró que había llevado a Marta al pueblo, parecía que sus ojos se le salían de las órbitas.

–¡Oh, mi niña! ¡Usted se expuso demasiado! –exclama, mientras la ayuda a sentarse un poco.

–Era necesario, Blanca –Cecilia suspira profundamente, de a poco sus pulmones vuelven a trabajar normalmente–. De todas maneras, sé que su esposo no se hubiera atrevido a hacerme nada. Dios no podía abandonarme en ese momento.

–La verdad, que la ayudó bastante –comenta sonriente Blanca–. Su desmayo lo asustó tanto que se olvidó por completo de sus reproches y salió disparando para que busquen al doctor.

Cecilia, bastante recuperada, ríe contagiada.

CAPÍTULO VI

Cielo e infierno

Cecilia se recuesta un rato para recuperar fuerzas. Cerca de mediodía, se levanta dispuesta a volver al pueblo.

Antes de salir, Blanca la detiene.

–Antonio no va a permitir que Marta vuelva a vivir con nosotros –le explica con voz temblorosa–. Dice que, aunque usted consiguió llevarla al pueblo para que la atiendan, no podrá conseguir que él la reciba nuevamente en casa. No puede soportar ser la comidilla del pueblo –se cubre el rostro entre las manos y suelta el llanto.

Cecilia la abraza tiernamente acariciando su cabello cano.

–No se preocupe, Blanca. Algo se me va a ocurrir –la consuela palmeándole la espalda–. Dios nos dará una salida favorable. No debemos perder nuestra confianza en Él.

Doña Blanca mira a la joven a través de las lágrimas.

–¡Dios la bendiga, mi niña!

Cecilia besa tiernamente su mejilla y se despide.

Cuando llega al pueblo son casi las dos de la tarde. Se dirige al consultorio y advierte que todavía hay gente esperando ser atendida por el médico. Saluda cordialmente a todos y sin entrar al consultorio, se dirige a la habitación de Marta. En pocas palabras, cuenta lo sucedido en la estancia, sin dar mayores detalles. Al terminar su relato, tanto Juancito como la reciente madre, suspiran aliviados.

–¡Gracias a Dios que ya pasó lo peor! –exclama Tony.

–Pero, ¿qué dijo con respecto a mí? –la pregunta sale incontenible de los labios de Marta.

Cecilia mira con dulzura a la muchacha y tratando de poner la mejor expresión en su voz, le explica:

–No quiere que vuelvas a tu casa con tu hijito –Cecilia observa que el rostro de Marta se ensombrece–. Pero no te preocupes. Yo me haré cargo de los dos.

La reciente madre mira con ojos asombrados a Cecilia, sin terminar de comprender el alcance de aquellas palabras.

–Pero, ¿me llevarás a vivir a Buenos Aires?

–Por el momento viviremos en la estancia, hasta que el médico decida que puedo volver a la ciudad. Pero si surge algún problema con Antonio, no dudaré en llevarte lejos de aquí.

Los ojos de Marta se llenan de lágrimas.

-¿Cómo podré pagarte lo que haces por mí?

–De eso vamos a hablar después –contesta la joven con una sonrisa–. Ahora quiero que pensemos qué nombre le pondremos a esta hermosura –toma entre sus brazos al bebé y lo mira enternecida.

–Eso quiero que lo elijas tú –le dice Marta tímidamente–. Hiciste tanto para ayudarlo a nacer que ahora tienes el derecho de ponerle al nombre que quieras.

–¡Perfecto! –exclama Cecilia, mientras lleva el bebé hacia la mesa para cambiarlo– Si me das ese privilegio quiero que le pongamos Daniel, como el gran profeta de la antigüedad. ¿Te parece bien?

–¡Oh, sí! ¡Por supuesto! –exclama Marta entusiasmada– Danielito está muy bien.

–Entonces, mañana mismo lo vamos a anotar. Ni bien el doctor Roldán te autorice, volveremos a la estancia con él –Cecilia termina de cambiarlo y se lo lleva nuevamente a su madre, queda pensativa un momento–. ¡A propósito del doctor Roldán! Cuando entré había todavía mucha gente esperando ser atendida. ¿Víctor no está?

Los hermanos intercambian otra mirada significativa, como el día anterior. La joven no necesita más explicaciones. Decididamente camina hasta el consultorio del médico y abre de golpe la puerta. Como se lo había imaginado, encuentra a Víctor sentado al lado de la mesa con un vaso entre sus manos y la botella de vino a su lado.

–¡Inconsciente! –exclama Cecilia casi en un grito– ¿No se da cuenta que se está matando de a poco? ¿No tiene conciencia que tiene todavía gente afuera esperando ser atendida? –Víctor levanta su mirada vidriosa desconcertado– ¿No se da cuenta que en cualquier momento puede llegar alguien que necesite que sus manos estén firmes para salvar su vida? –las preguntas siguen brotando incontenibles de la boca de Cecilia, que cuando observa su mirada vidriosa, siente deseos de golpearlo o de sacudirlo para hacerlo reaccionar– ¿Podrá tener su conciencia tranquila cuando alguien muera por su culpa?

–¡Nadie le pidió sus consejos! –exclama de pronto una voz femenina a sus espaldas, Cecilia se calla, girando su atención a la recién llegada y se encuentra con María, madre de Víctor. Confundida, Cecilia no atina a responder.

–¡Por favor, mamá! ¡Vuelve adentro! –ordena Víctor que, a

pesar de la bebida, todavía se encuentra bastante sobrio.

–Pero… ¿Cómo puedes permitir que sea ella, precisamente, la que te reproche algo? –mira con indignación a Cecilia– ¿Acaso tiene algún derecho de venir a meterse en tu vida?

–Mama. ¡Vuelve adentro! –ordena nuevamente Víctor con decisión– La señorita tiene razón en lo que me ha dicho.

María duda un instante. Se da vuelta con intención de entrar en la habitación de donde vino.

–Espere un momento, señora –la voz de Cecilia la detiene–. ¿Por qué dijo que no tengo derecho de reprocharle nada a su hijo? ¿qué quiso decir con eso?

La madre se vuelve hacia ella:

–No se haga la inocente ahora –contesta en tono de sorna–. No me va a decir que ignora que su propio hermano causó la ruina de mi hijo.

Cecilia mira a la mujer y luego a Víctor.

–¿Qué tiene que ver mi hermano en todo esto? –pregunta, asombradísima–. ¡Mamá! ¡Vuelve a tus tareas! –ordena nuevamente Víctor, tratando de evitar que su madre siga hablando. A pesar de sus esfuerzos, no lo consigue.

–¿Me va decir que no sabía que la criatura que tuvo anoche Marta es de su hermano?

La pregunta de María, hecha sarcásticamente, deja sin aliento a la joven. Por un momento, cree no haber oído bien.

–¿Qué dice usted? –Cecilia se encuentra parada, tiesa, como una estatua– ¿Qué Danielito es de mi hermano?

–¡Por supuesto! –exclama la mujer triunfante y con mirada altiva– Por eso Víctor la dejó, ¿acaso usted creía, como suponen algunos, que mi hijo fue capaz de una acción tan baja? Pero no, cómo no lo va a saber, si la estuvo ayudando todo el tiempo. Usted debe ser de la misma cla…

–¡Mamá! ¡Basta! –grita el médico yendo hacia ella. La toma fuertemente del brazo y la saca del consultorio a empujones cerrando la puerta tras suyo.

Cecilia no puede moverse del lugar donde está, como si la hubieran clavado con una estaca. Le es imposible digerir lo oído. Se lleva la mano a la boca para ahogar un grito. Siente que las piernas se le aflojan. La vista se le nubla y cuando cree que se va a caer, se siente levantada por unos fuertes brazos que la llevan hasta un sillón.

Pierde el conocimiento por un momento. Al recuperarse observa a Víctor tomándole la tensión.

–¿Se siente mejor? –le pregunta notando que ha vuelto en sí.

Ella asiente en silencio. A medida que su corazón se va normalizando, su mente se va esclareciendo. Entonces recuerda el motivo de su pequeño desmayo, ¿será posible que su hermano haya sido capaz de algo así? No solamente engañó a Marta, sino que después la abandonó a su suerte, sin importarle lo que ella tuviera que sufrir. "¡Oh, Héctor! ¿cómo fuiste capaz de eso!?", piensa dolorida.

Después de meditar un instante, recuerda lo que sucedió desde su última visita a la estancia y coincide perfectamente. Por eso volvió a Buenos Aires antes de lo previsto y después no quiso regresar aunque su padre le insistiera. ¡Claro! Sabía que don Antonio era capaz de matarlo. ¡Pobre Marta! ¡Cómo habrá sufrido por su culpa!

¿Y Víctor? En ese momento recién advierte que, como le dijo María, ella es la menos indicada para reprocharle nada.

Observa mejor al médico que todavía permanece a su lado.

–Perdóneme, doctor –alcanza a balbucear avergonzada–.Yo no sabía…

–No se preocupe –la interrumpe el joven–. Usted no tiene ninguna culpa.

–Sí, pero tampoco tenía derecho a gritarle como lo hice. Víctor la envuelve con una sonrisa.

–Ese derecho lo tiene cualquiera. Usted tiene razón. Yo no debo beber, pero es algo más fuerte que yo –reconoce tristemente el facultativo.

Cecilia se siente enternecida al verlo tan abatido.

–¿Por qué no trata de vencer sus impulsos? –le pregunta con voz muy dulce.

Víctor la mira agradecido y baja la vista avergonzado.

–Es triste reconocerlo, pero ya no tengo ningún incentivo en mi vida.

–¡Usted no puede decir eso! –exclama Cecilia con decisión, terminando de sentarse en el sillón–. Es médico y tiene muchísima gente en este pueblo y sus alrededores que necesita de su atención y cuidado.

–Sí, es cierto –reconoce tristemente el joven–. Pero a veces no llena ese tremendo vacío que deja el amor frustrado –se detiene un momento indeciso. Levanta la mirada hacia Cecilia y siente que puede confiar en ella. Desde hace mucho tiempo que no tiene con quien conversar, a quién contarle sus sentimientos. Al ver la mirada limpia y serena de la joven siente que puede confiarle sus sentimientos–. Usted no se imagina de qué manera quería yo a Marta. No existía otra persona en quién confiara más. Ni aún en mi madre –se detiene nuevamente, moviendo la cabeza de uno a otro lado, abatido–. Y cuando me enteré de todo…

Cecilia lo mira enternecida.

–Sé que es muy difícil recuperarse de un cariño –comenta tratando de animarlo–, pero debe tener en cuenta que la vida continúa. Trate de perdonar a Marta y así podrá sacar ese rencor que lo domina.

–¿Perdonarla? –Víctor la mira incrédulo– ¿Usted sabe lo que me está pidiendo?

–¡Por supuesto! Tenga en cuenta que, si no lo hace, el daño es más para usted que para ella.

–¡Oh, no! –exclama el médico bastante disgustado– Podría perdonar a cualquiera, menos a Marta. ¡Usted no puede saber de qué manera la quería yo! ¡Y ella echó al suelo todo ese amor, engañándome! ¿Cómo puede pedirme ahora que la perdone?

Cecilia, al ver la irritación de Víctor prefiere callar. Se da cuenta que, por el momento, es imposible hacerlo razonar. A la vez siente que él necesita más que nunca de alguien que lo ayude a salir del abismo en el que ha caído. Eleva su corazón al Señor pidiendo ayuda.

–Víctor –murmura con voz muy suave–. Ninguna persona, por buena que sea, puede llegar a perdonar de corazón, si Dios no le ayuda… Él es el único que tiene esa capacidad, por el gran amor que demostró a la humanidad al enviar a su Hijo al mundo para que muriera por todos nosotros.

–¡Oh, no me venga con eso ahora! –exclama el joven en tono escéptico– ¿Cómo puede decir que Dios haya amado tanto a la humanidad, si yo, como médico, veo de qué manera tienen que sufrir las personas?

–Pero el sufrimiento no es culpa de Dios, sino de la maldad de los hombres. Y esa maldad se debe al pecado que hay en ellos. La Biblia dice que "el pecado entró en el mundo por un hombre y por el pecado la muerte; así la muerte pasó a todos los hombres, por cuanto todos pecaron" (Ro.5:12). ¿Se da cuenta? No es que Dios no haya amado a la humanidad por lo que ella tiene que sufrir, sino que el pecado que hay en el corazón de los hombres, hace que anide la maldad en ellos y que ésta se multiplique –al ver que la expresión de Víctor no ha cambiado agrega con voz firme –. Dios creó un universo perfecto, pero el diablo entró a ese universo por medio de la desobediencia del hombre y rompió la perfección. Por eso ahora reina la maldad y el pecado; porque Satanás es el que reina en el corazón del hombre.

–Yo no creo que exista realmente Dios ni tampoco el diablo o Satanás, como usted dice.

–¿Cómo puede ser que usted, siendo médico, y conociendo la perfección del organismo humano, pueda decir algo así? – pregunta Cecilia extrañada– ¿No se da cuenta que ni el universo, ni la naturaleza, ni la raza humana podrían conservarse, si no fuera una fuerza divina que las sustentara?

–Eso me lo pregunté muchas veces –reconoce Víctor no muy seguro–. Y quizás tenga usted razón en algo de lo que dice, pero lo que yo no creo es que exista el cielo y el infierno. Ni que el cielo haya sido creado para los buenos y el infierno para los malos. Yo pienso que una vez que el hombre muere, allí se termina todo.

–Mire, Víctor –continúa Cecilia sonriente–, que usted crea o no en el cielo y el infierno, no hace que éstos dejen de ser lugares de pleno gozo o de tormento eterno. Y le puedo asegurar que la vida continúa después de la muerte, porque si no la Biblia no diría estas palabras: "Porque está establecido a los hombres que mueran UNA SOLA VEZ y después de esto, el juicio" (He.9:27). Si no existiera una vida eterna, tampoco hablaría de un juicio después de la muerte, ¿no le parece?

–Aun así, me resisto a creer que exista un Dios que ame a la humanidad y que a la vez esta tenga que seguir sufriendo como hasta ahora.

–Es que la maldad no está en Dios, sino en cada uno de nosotros. Dios mismo dice que la inclinación del corazón del hombre es de continuo solamente al mal. Si Él tuviera que suprimir toda maldad hoy a medianoche, ¿quién quedaría vivo mañana? –la pregunta de Cecilia queda sin respuesta– Pero debemos darle gracias a Él –continúa– porque solucionó el problema de la maldad al enviar a su Hijo para que, muriendo en la cruz, nos diera la oportunidad de ser perdonados de nuestros pecados aceptando la obra que hizo por nosotros.

Víctor levanta la mirada hacia ella completamente incómodo. Tiene que reconocer que hasta ahora nadie le había hablado de esa manera, pero su corazón se resiste a creer lo que acaba de escuchar. Él tiene sus propias convicciones y será muy difícil hacerlo cambiar. Como intuye que ella seguirá con sus argumentos, prefiere cambiar de tema.

–Bueno. Creo que es hora que empiece a atender a mis pacientes –dice tranquilamente, mientras se levanta y va hasta su mesa de trabajo– ¿No es eso lo que vino a reclamarme?

Cecilia, recién en ese momento, se acuerda de la gente que vio en la sala de espera al llegar.

–¡Tiene razón! –exclama compungida– Con la charla que tuvimos me olvidé por completo de sus pacientes –se levanta decidida y llega hasta el armario donde sacara el delantal la noche anterior. Se lo pone y se vuelve dispuesta a acomodar el instrumental que el médico va a necesitar.

Víctor la mira, asombrado.

–¿Qué hace? –le pregunta intrigado sin dejar de observarla.

–Anoche le dije que había estudiado enfermería –contesta tranquilamente Cecilia con una amplia sonrisa–. Desde hoy vendré todos los días a ayudarlo con sus pacientes –su voz suena segura–. Marta me informó que hace tiempo que no tiene quién lo ayude.

Víctor se dirige hasta la joven.

–¡Oh, Cecilia! ¿Esto es una broma? –le dice tímidamente–

Usted sabe perfectamente que yo no puedo pagar una enfermera. Aquí la mayoría de la gente que viene a atenderse, no tiene dinero y los pocos que me pagan, apenas me alcanza para subsistir con mi madre.

–¿Y quién le dijo que yo le iba a cobrar? –pregunta Cecilia en tono de broma– A mí no me hace falta el dinero. Gracias a Dios mi padre hizo una gran fortuna y nunca me hizo faltar nada –al ver que el médico la observa extrañado, añade con dulzura–. Estudié y me recibí con el único propósito de ayudar a los demás. En Buenos Aires tuve la oportunidad de trabajar en varios hospitales, así que tengo suficiente experiencia para ayudarlo.

Víctor la sigue mirando, sin entenderla, pero no dice nada. ¿Es posible que una "Achával" trabaje de enfermera por gusto? ¿Cómo puede ser que alguien que no ha pasado ninguna necesidad económica haya estudiado una profesión tan ingrata para la mayoría? Es algo que no cabe en su mente.

Sigue observándola detenidamente. Ella, muy sonriente, va hasta el escritorio, toma la botella y el vaso que todavía permanecen allí y los esconde en el armario. Limpia prolijamente la camilla y se dirige decididamente hacia la puerta que conduce a la sala de espera. Antes de abrirla, se vuelve hacia Víctor:

–¡Ánimo, que alguien más lo necesita! –le dice, con una amplia sonrisa. Abre la puerta y hace pasar al primer paciente.

CAPÍTULO VII

No me abandones

Cuando terminan de atender a los pacientes es ya noche cerrada.

Víctor se saca el delantal y lo cuelga en el perchero. Cecilia, mientras tanto esteriliza el instrumental utilizado y lo acomoda en los armarios. El joven médico al observarla se da cuenta por qué esa mañana su consultorio lucía tan limpio y acomodado. En un primer momento había pensado que su madre lo había hecho, lo cual dudaba; pero al observar la naturalidad con que Cecilia acomoda cada cosa en su justo lugar, se da cuenta que es la única con el suficiente conocimiento para saber la utilidad de cada instrumento. ¿Será posible que ella hiciera ese trabajo que le corresponde a una persona del servicio?

En la mente de Víctor hay completa confusión. Aunque ha conocido recién anoche a Cecilia, ella le infunde una paz que hasta ese momento desconocía. Debe reconocer que hacía mucho tiempo que no trabajaba tan a gusto como esa tarde. ¡Ojalá cumpla lo prometido y venga todos los días! Sería completamente distinto trabajar con ella a su lado.

La joven termina su tarea y muy naturalmente, se vuelve hacia él:

–Ahora veamos si Marta necesita algo.

Víctor sonríe como respuesta y pasan a la habitación contigua. Después de revisar superficialmente a la joven madre, le deja algunas indicaciones y se retira a las habitaciones del interior de la casa.

Cuando se quedan solas, Cecilia toma en sus brazos a Danielito y lo mira enternecida. Ahora sabe que ese pequeño ser lleva su misma sangre y siente que algo muy dulce recorre su cuerpo. Nunca se imaginó que aquel montoncito de carne pudiera significar tanto para ella. ¿Qué dirá su padre cuando se entere que algo de su hijo tan querido, ha quedado en la tierra? Seguramente se aferrará a ese nieto, tanto como se aferró a Héctor. Esto la consuela. "Por lo menos tendrá alguien por quién vivir cuando el Señor me lleve a su presencia", piensa resignada.

Se llega hasta la cama de Marta y se lo entrega para que lo alimente. Intercambia una sonrisa con la reciente mamá y contempla esos dos seres que de pronto pasaron a significar tanto para ella.

–¿Por qué no me dijiste que Danielito era hijo de mi hermano? –pregunta Cecilia de repente quebrando el silencio entre ambas.

–¿Quién te lo dijo? –pregunta a su vez Marta, incómoda.

–La madre de Víctor.

–¡Tenía que ser ella!

–De todas maneras, alguien iba a terminar diciéndolo –comenta Cecilia con voz firme–. Lo que quiero saber es por qué me lo ocultaste a mí.

Marta desvía la vista, turbada. Con un brazo sostiene a su

hijo y con la mano libre juega con los dedos en el cubrecama.

–¿Para qué querías que te dijera que Héctor era el padre de mi hijo? Él ya murió y no hay nada más que hacer…

–Pero mi padre y yo te podíamos ayudar. Después de todo éramos los parientes más cercanos.

–No creas que él tuvo toda la culpa –reconoce tristemente Marta–. Yo sabía perfectamente lo que hacía –su rostro enrojece de vergüenza–, Héctor me gustaba, pero nunca me engañó. Desde que comenzamos nuestra relación me dijo claramente que nunca se casaría conmigo, así que no puedo echarle la culpa –se detiene un momento, observando la actitud de Cecilia–. ¿Puedes entenderme?

La joven aludida la mira con una mezcla de pena y resignación.

–No sé qué decirte, Marta –mueve la cabeza de un lado a otro–. Puedo comprender que Héctor te gustara. Sabía halagar a las muchachas, decirles palabras dulces. A todas les atraía su manera de ser. Por eso entiendo que haya inspirado en ti algún sentimiento, pero de ahí a entregarle tu cuerpo, hay una gran diferencia. Y perdóname, Marta, pero no puedo justificarte –sin advertirlo, va subiendo el tono de voz– ¿Por qué tienen que desvirtuar algo tan precioso que Dios ha puesto en nuestros cuerpos para que lo entreguemos al ser que amamos después de unirnos en matrimonio? ¡Nunca debe ser antes! El apóstol Pablo dice claramente cuanto dolor y amargura produce si desobedecemos este mandamiento divino. Y si no… ¡Mírate! ¿Qué conseguiste con eso? Solamente que te separen de tu familia y que este pobre ángel nazca sin padre. Si hubieras contenido tus impulsos, esto no habría pasado y ahora no te verías en el proble… –se detiene, al darse cuenta que la muchacha ha comenzado a llorar– Perdóname, Marta, no debí hablarte así.

–Al contrario, Cecilia, tienes razón en todo lo que has dicho –la joven mira a su compañera a través de las lágrimas–.

Si supieras cuántas veces me arrepentí de haber cometido semejante tontería. ¡Pero ya era tarde! –se cubre el rostro con el brazo libre y rompe en llanto.

–Bueno, bueno –la consuela Cecilia tratando de reanimarla–. No ganamos nada reprochándonos algo que no tiene remedio –al ver que Marta continúa llorando añade alegremente–. Ahora debemos preocuparnos para que Danielito no tenga que sufrir por el error de sus padres.

Marta deja a un costado su bebé y se echa en los brazos de su amiga.

–¡Oh, Cecilia! ¡No me abandones, por favor! –le ruega entre sollozos.

–No, Marta, no te preocupes. Ahora que me he enterado que esta hermosura es mi sobrino, ¿cómo piensas que puedo abandonarlos?

CAPÍTULO VIII

El perdón que sana

Al otro día, Víctor autoriza a Marta a levantarse. Las jóvenes preparan los bolsos y regresan a la estancia.

Cecilia ayuda a la joven madre a instalarse en su propio dormitorio. Ha comprado una cunita y alegremente se dedica a tenderla. Arregla y guarda la ropita que con tanto amor ha preparado para el bebé.

Cuando termina de acomodar todo, baja hasta la cocina y avisa a Blanca que su hija y su nietito ya están en la estancia. Se asombra que ella no demuestre ninguna alegría, cuando escucha:

—Antonio nos ha prohibido que vayamos a verlos.

Confundida, pero no asombrada ante esta noticia, prefiere no hacer ningún comentario. Se dirige lentamente hacia el escritorio de su padre. Todo el camino va meditando en la dureza del corazón de Antonio. Por mucho que lo piensa, no alcanza a entenderlo. Blanca le asegura que es un hijo de Dios, pero su comportamiento dista bastante de lo que debería ser. "Quizás se deba que no tuvo quién le enseñe, piensa con nostalgia. De todas maneras, ella no tiene derecho a juzgarlo".

Llega al escritorio de su padre y golpea suavemente la puerta. Sin esperar respuesta, ingresa al interior.

–¡Hola papá!– lo saluda con un beso y se instala en uno de los sillones que se encuentran frente al escritorio.

–Blanca me informó que estuviste en el pueblo acompañando a Marta –comenta don Pedro, con voz grave, observando a su hija–. Ahora quiero saber lo que sucede. Ni Antonio ni los demás peones parece que tienen interés de contarme lo que ha pasado con esa muchacha.

–Ella tuvo un hijo, papá –comenta la joven tranquila. Al ver el asombro en el rostro de su padre, sigue explicando algunos detalles del encierro y posterior liberación de Marta. Don Pedro escucha atentamente el relato de su hija. Cuando termina, pregunta interesado:

–Y ahora, ¿qué piensas hacer con ella y su criatura?

–Antonio no permite que Marta viva en su casa, así que los he traído aquí, con nosotros.

Estas palabras dichas con naturalidad, asombran aún más a don Pedro.

–¿Y piensas criarle el hijo a esa muchacha? ¿No te das cuenta el riesgo que corres al ampararla? –pregunta levantando el tono de su voz en señal de desaprobación.

–Marta está desamparada y necesita que alguien vele por ella y su hijito. Sabes perfectamente que abuela Lidia me enseñó que no puedo ser indiferente ante la necesidad de mi prójimo. ¡Y menos tratándose de un huerfanito!

–¿Cómo sabes que esa criatura es huérfana? Que su padre haya abandonado a esa muchacha no significa que esté muerto.

Cecilia mira a su padre con ojos tranquilos.

–Debes saber papá que esa criatura a la que te refieres, es tu nieto, hijo de Héctor. Por eso sé que ha quedado huérfano, aún antes de nacer.

Don Pedro se levanta como picado por una serpiente.

–¿Quién te dijo semejante barbaridad? –pregunta con ojos desorbitados.

–Me lo dijo la madre de Víctor y Marta me lo confirmó –contesta Cecilia desconcertada por la actitud de su padre. Don Pedro continúa mirándola, esperando que rectifique su acusación. Al ver que ella permanece sentada, sin inmutarse, cruza la habitación en dos zancadas y se para frente al sillón.

–¡No te permito a ti ni a nadie que manchen la memoria de mi hijo! –le grita, amenazante– ¡Y menos esa mujerzuela! ¡Qué fácil le resultó culpar a un muerto que no puede defenderse!

Cecilia mira desconcertada a su progenitor. Esperaba una reacción favorable ante esta noticia; o quizás lo tomaría con indiferencia, como casi todo lo que ha ocurrido en su vida hasta el momento. No puede comprender qué le pasa para reaccionar así. ¿Será posible que, por defender a su hijo, niegue su responsabilidad y prefiera manchar el nombre de Marta? ¿Cómo no se da cuenta que Héctor era capaz de algo así, y mucho más? ¿Es que vivió tan engañado que piensa que es inocente? "¡Oh, papá! ¡Qué impotente me siento para hacerte reflexionar!".

–Pero, ¿por qué no dices algo? La pregunta de don Pedro vuelve a Cecilia a la realidad.

–Estaba pensando cuánto debes querer a mi hermano para negar que fuera un sinvergüenza.

–¡No te atrevas a insultar a mi hijo! –le grita el padre totalmente fuera de sí. Levanta su mano a Cecilia y le pega una bofetada. La joven palidece y se toma el rostro ardiente con ambas manos. Don Pedro reacciona y baja el brazo, abatido– ¡Por favor! ¡Sal de mi presencia! –le ordena completamente turbado– Por un momento me hiciste perder el control.

Cecilia mira desconcertada a su padre. Nunca hasta ese día le había hablado con semejante rudeza ni tampoco se atrevió a pegarle. Conteniendo el cúmulo de reproches que quisiera hacerle, comienza a caminar lentamente hacia la puerta de salida, frotándose el rostro enrojecido.

–¡Espera un momento! –la voz áspera la detiene– Quiero que ahora mismo saques a esa muchacha de nuestra casa. Si ha sido capaz de hablar barbaridades de mi hijo, no deseo tenerla bajo mi techo.

Cecilia cree no haber oído bien. Gira sobre sí misma y enfrenta su mirada. Al momento se da cuenta que la actitud de su padre no admite objeciones. ¿Será posible que llegue a ese extremo para defender la memoria de Héctor?

Queda parada, muy quieta, con la esperanza que él rectifique lo dicho anteriormente, al ver que no tiene intención de hacerlo, por primera vez, todo su ser se revela a aceptar semejante orden.

–Está bien, papá –contesta decidida–, pero si Marta se va, yo me voy con ella –gira sobre sus talones y sale rápidamente con paso firme.

Siente tal desolación que corre a su dormitorio y cae en la cama, llorando desconsoladamente. Está desesperada. Por primera vez comprueba el completo rechazo de su padre. No tiene consuelo. Toda su vida vio cómo su hermano recibía las mejores atenciones y ella era relegada a un segundo plano, pero nunca imaginó que su padre sería capaz de pegarle por defender su memoria.

Cecilia muerde la almohada, impotente.

–¿Por qué siempre fui el estorbo de mi familia? ¿Por qué? ¿Acaso tengo la culpa de haber nacido enferma? –las preguntas se acumulan en su garganta.

Marta, desde una cama vecina escucha extrañada el llanto y las quejas de su amiga. ¿Qué le habrá pasado? Confundida, se levanta y se llega hasta ella.

–¿Qué pasa, Cecilia? ¿Por qué lloras de esa manera? –le pregunta tratando de calmarla.

Cecilia toma conciencia que no está sola en la habitación. Traga saliva para contener el llanto y se vuelve hacia su amiga.

–No te preocupes –le dice esbozando una mueca que se parece muy poco a una sonrisa–. Necesitaba desahogarme, pero ya pasó –seca sus lágrimas con la sábana que tiene a mano.

–Pero, ¿qué pasó? –vuelve a preguntarle Marta desconcertada– Nunca te he visto llorar de ese modo. Ni tampoco decir semejantes cosas. Debe haber sucedido algo grave para que te haya afectado de ese modo.

Cecilia sonríe tristemente.

–Es muy difícil explicarlo –comenta con voz dolida y camina hasta la cuna de Danielito. Se queda parada contemplándolo dormir. Gira muy despacio hacia Marta que permanece sentada en la cama–. Papá no nos permite quedarnos en esta casa, tenemos que buscar a dónde ir.

Marta se levanta de un salto:

–¿Qué dices? –pregunta cruzando en dos pasos la distancia que la separa de su amiga– ¿Don Pedro me echa?

–¡Oh, Marta! –exclama Cecilia con voz entrecortada– ¡Qué no daría por decirte que no es cierto! Pero desgraciadamente mi padre está tan ciego que no admite que alguien se atreva a decir algo que manche el nombre de su hijo.

–Y ahora, ¿qué voy a hacer? –Marta se encuentra desesperada.

–No te preocupes –la consuela Cecilia tratando de sonreír–. Juntas buscaremos dónde vivir. ¡Ya nos arreglaremos para cuidar de Danielito!

–Cecilia. Te lo agradezco, pero tú no puedes venir con nosotros. ¡Ya demasiados problemas de trajimos!

–¡Eso ni lo menciones! –exclama la joven decidida– Danielito es mi sobrino y por lo tanto soy responsable de él. Si mi padre no admite que te quedes en esta casa, yo tampoco puedo quedarme. Además, juntas podremos ayudarnos.

–Pero Cecilia, tú estás enferma. Necesitas constantemente de tus remedios para subsistir. ¿Cómo podrás cuidarte lejos de tu padre?

–No lo sé. Por ahora lo que importa es pensar dónde podemos vivir, aunque sea por algunos días hasta que consigamos trabajo.

Marta queda callada un rato meditando. Se da cuenta que es muy difícil convencer a su amiga que se quede. Su sentido de culpa se acrecienta. Hasta hace un momento era fácil. Se quedaba en la casa grande por un tiempo y luego decidía qué hacer. Pero ahora todo se ha complicado. ¿Cómo podrá vivir Cecilia sin remedios? "¡Oh, Dios mío! ¿Qué podemos hacer?".

–Cecilia –Marta se acerca hasta su amiga– ¿Te acuerdas cuando éramos chicas y doña Lidia nos enseñaba a orar por cada una de nuestras necesidades? –baja un momento el rostro y añade indecisa– Yo reconozco que no estoy en condiciones de orar a Dios, pero tú sí. ¡Por favor, Cecilia! ¡Pídele al Señor que nos ayude!

–Tienes razón, Marta –reconoce conmovida–. Pensando en nuestros problemas nos olvidamos que hay Alguien Todopoderoso que espera oír nuestras quejas para ayudarnos –Cecilia toma de los hombros a su amiga y mirándola a los ojos, le dice–. Pero quiero que tú misma se lo pidas.

–¡Oh, no, Cecilia! Tú sabes que me alejé demasiado de Dios como para que Él me escuche.

–El Señor lo único que te pide es que confieses tu pecado y te arrepientas –la mira a los ojos–. Yo sé que hace tiempo te has arrepentido.

–¡Oh, sí! ¡Por supuesto que me arrepentí! Pero… –Marta sigue dudando– hice demasiado daño, Cecilia. A mis padres, a ustedes, a Víctor… aun a Danielito. ¡El Señor no puede perdonarme todo eso!

–Si piensas que hay algún pecado demasiado grande para ser perdonado, estás afirmando que el Señor Jesucristo murió en vano. Si Él no hubiera cargado TODOS –enfatiza esa palabra a propósito– nuestros pecados, la Biblia tendría que decir que su perdón tiene condiciones. Este pecado sí, este otro no. Pero Él te dice que murió por TODOS nuestros pecados. En ese "todos" está incluido también el tuyo. No desprecies su perdón, Marta –los ojos de la joven se llenan de lágrimas. Cecilia desea insistir, pero prefiere actuar–. Ven, arrodillémonos a orar.

Las dos jóvenes se aproximan a la cama. Después de un prolongado silencio, lleno de emotividad, se escucha la voz entrecortada de Marta.

–Padre celestial… Tú conoces todo lo que ha pasado. He pecado contra ti. Contra mis padres, he deshonrado tu Nombre, he manchado el buen nombre de mi familia. Por mi culpa mi padre se avergüenza, mi madre sufre y Danielito… ¡Oh, Señor! –se quiebra su voz y su cuerpo se convulsiona por el llanto. Cecilia toma su mano y se la aprieta, animándola en su confesión. Marta comprende la sugerencia de su amiga y continúa su oración– ¡Oh, Señor! Tú sabes que hace tiempo que me he arrepentido, pero no puedo arreglar lo que hice. ¡Por favor, Señor! ¡Perdóname! ¡Perdóname! No quiero que más personas sufran por mi culpa. ¡Ya hice demasiado daño! Ahora es Cecilia quién tiene que sufrir –se detiene un momento indecisa–. ¡No sé qué hacer! ¡Por favor, Señor! ¡Ayúdanos! Dinos que tenemos que ha…

Unos golpes en la puerta interrumpen su oración. Cecilia se levanta y va a abrir. Don Pedro se encuentra frente a ella con su mirada fría y su voz autoritaria.

–No es necesario que te vayas –le dice, evitando la mirada de su hija. A pesar de aparentar rudeza y enojo Cecilia advierte que su rostro se ha suavizado–. Yo viajo mañana a Buenos Aires –informa–, así que no tendré que compartir el techo con la que ha difamado el nombre de mi hijo –sin que Cecilia pueda reaccionar, gira en redondo y se aleja rápidamente, sin darse tiempo a arrepentirse de lo que acaba de decir.

Cecilia se encuentra tan sorprendida que no sabe qué hacer. El cambio de su padre la deja sin palabras. Él nunca ha rectificado una orden ni volvió atrás de alguna decisión y ahora, ¿qué ha pasado? No entiende. Medita que quizás entendió mal, pero… ¡le ha dicho que puede quedarse! ¿Quiere decir que ya no tendrán que buscar un lugar para vivir?

–¡Oh, Señor! ¡Gracias! –balbucea apenas, mientras siente que su corazón se inunda de paz.

Se vuelve hacia Marta. Su rostro mojado, cubierto de lágrimas. La joven corre y se echa en sus brazos llorando de alegría.

–El Señor me ha perdonado, Cecilia. ¡Me ha perdonado! –Marta llora convulsionada. Se siente liberada como lo necesitaba hace tiempo. Siente que ha sacado esa tremenda carga que vino soportando tanto.

–Sí, Marta. El Señor es un ser maravilloso y lleno de amor. Nunca terminaremos de comprender hasta dónde llega su perdón.

Ambas jóvenes se funden en un abrazo repitiendo:

–¡Alabado sea su Nombre!

CAPÍTULO IX

Una declaración inesperada

Al día siguiente, don Pedro parte hacia la capital. Cecilia, desde su ventana, lo ve alejarse por el camino de tierra. Es la primera vez que no ha venido a despedirse de ella, lo que le causa un gran dolor.

"¡Oh, Señor! ¡Ablanda su corazón!", murmura en voz baja, cuando ya divisa solamente el polvo del auto que se pierde en la lejanía.

Desde ese día, Cecilia va a la clínica para ayudar a Víctor con sus pacientes. Se ha establecido una franca amistad entre ambos. Además de ayudarlo en el consultorio, lo traslada en su auto para las visitas en los campos vecinos. La gente del lugar ya se ha acostumbrado a verlos juntos.

La joven, siempre que se presenta la oportunidad, le presenta el evangelio. Además, persiste cada día en aconsejarle que abandone la bebida. Hasta ahora sólo ha conseguido que no beba durante las consultas, pero son pocos los fines de semana que no lo traen sus amigos desde la taberna porque él no se puede sostener de lo alcoholizado que está.

Esta situación entristece muchísimo a Cecilia. Sabe que, humanamente, será imposible que él cambie. Eleva su corazón al Señor para que lo ayude a comprender la real existencia de un Dios vivo y verdadero. Es el único que puede darle las fuerzas necesarias para vencer ese vicio que lo domina.

Pasan varios meses sin que nada cambie.

Una mañana, mientras Víctor espera a Cecilia para empezar las consultas, vienen a buscarlo desde un campo vecino para que auxilie a un peón que se ha herido con un hacha.

Entra al consultorio y mientras prepara su maletín, mira insistentemente el reloj: "¿Qué le habrá pasado a Cecilia que no llega?". Trata de aplazar lo más que puede su salida con la esperanza de verla aparecer. Pero el caso es de urgencia y no puede demorarse más así que emprende el camino solo.

Mientras camina hacia el puesto que le indicaron, piensa qué distinto se le hace el recorrido a pie. Desde que Cecilia llegó recorren el lugar siempre en su auto. Ahora que tiene que caminar, se da cuenta cuánto se acostumbró a ese vehículo. ¿Al vehículo solamente? No. Tiene que reconocer que a lo que más se acostumbró es a la compañía de Cecilia. ¡Qué lindo es recorrer todos los lugares a su lado! Evidentemente extraña su presencia, a su manera de ser, a sus palabras, a sus sonrisas. Recuerda cada detalle de su frágil figura, de su pálido rostro, su cabello sedoso, su manera de caminar, de tratar a los enfermos. ¡Es un ser maravilloso! Sin lugar a dudas. Está constantemente pensando en los demás.

A medida que va recordando detalles de Cecilia, siente que la extraña notablemente. Pero, ¿por qué la extraña tanto? Es que ella es muy eficiente como enfermera. Pero no, si hasta hace poco él se las había arreglado sin enfermera. Pero, ¿entonces? ¿Por qué la extraña tanto? Al pensar en esto, su corazón se acelera. "¿Será posible que me haya enamorado de ella?", piensa seriamente.

¡¿Y qué, si no el amor hace latir su corazón de esa manera?! Ya no le cabe duda. Desde que Cecilia llegó a su vida, fue llenando poco a poco el gran vacío del recuerdo de Marta. Se ha enamorado sin darse cuenta de ese ser sin atractivos físicos, pero llena de encantos espirituales.

¿Por qué no se dio cuenta antes? Reflexiona y llega a la conclusión que se conformaba con tenerla a su lado, sin pedir más. Y ahora, ¿qué hará? ¿Se animará a decírselo? ¿O seguirá conformándose con su compañía? No. Tiene que decírselo.

¿Y si ella lo acepta? ¡Sería maravilloso! Podrán casarse, tener hijos, formar una familia llena de ese amor que desborda en ese momento de su corazón.

De repente se da cuenta que ha dejado ir muy lejos su imaginación. Vuelve en sí de sus pensamientos y advierte que se encuentra parado en el camino, apoyado en uno de los postes de alambrado. Recapacita y vuelve a su memoria el motivo de aquella caminata. Apura el paso para llegar al lugar que lo están esperando.

Atiende lo más rápido posible a su paciente y regresa casi corriendo al consultorio. Tiene la esperanza que Cecilia haya llegado.

Entra, y sin advertir las personas que lo saludan en la sala de espera, abre la puerta del consultorio y ¡allí está! Como siempre. Esta vez, curando la herida de un niño de once años.

–¡Buen día, Cecilia! –la saluda con inmensa alegría.

La joven lo mira extrañada de ese cambio tan notable.

–¡Buen día, doctor! ¡Parece que amaneció muy contento hoy! –contesta contagiada de su alegría.

–¡Contentísimo! –exclama Víctor, envolviéndola con una mirada llena de ternura. Aunque desea seguir expresándole lo que ha descubierto esa mañana, se da cuenta que no es el momento. Debe contenerse, por lo menos, hasta que terminen de atender las consultas.

Llega el mediodía, aparentemente, como todos los otros. Cuando la joven, después de poner el orden el consultorio, intenta volver a la estancia, Víctor la detiene.

–¡Por favor, Cecilia! ¿Podrías quedarte un momento más? –le pregunta en tono muy dulce.

–¡Por supuesto! –exclama la joven solícita– ¿Necesitas algo?

–Quiero hablar contigo, pero prefiero que nos sentemos en algún sillón de la sala de espera. Aquí, el ambiente no colabora.

Víctor toma del brazo a la muchacha y la conduce hasta el lugar indicado.

Cecilia se deja conducir, dócilmente, sin imaginarse el motivo del médico.

Se sientan, uno frente al otro. Al encontrarse sus miradas, el joven no puede contenerse y revela, en pocas palabras, sus sentimientos.

Ella lo escucha atentamente hasta el momento que Víctor le confiesa su amor. Baja la vista y juega nerviosa con sus manos. Nunca se imaginó que había despertado aquellos sentimientos en él. ¿Cómo hará para rechazarlo? ¿Conviene que le confiese su enfermedad? Hasta el momento pudo ocultárselo. Sabe que él no le hubiera permitido trabajar a su lado. Pero ahora, ¿qué debe hacer? Piensa en decirle que esperen un tiempo. Pero no, no debe ilusionarlo. ¿Para qué? Sería peor. Ahora quizás pueda soportar su rechazo, pero luego, cuando ella muera, le será más difícil la separación definitiva. Él no debe saber que le queda muy poco tiempo de vida.

–Cecilia, ¿te das cuenta lo que acabo de decirte? –Víctor se encuentra ansioso– Te estoy diciendo que te amo, que quiero casarme contigo.

–¡Oh, Víctor! –exclama Cecilia confundida. Siente que el rubor cubre su rostro– Nunca antes me habían dicho algo así –al ver que el rostro del joven se ilumina rectifica inmediatamente–. Debo confesarte que no había recibido antes una propuesta de matrimonio, pero… no creo haberte dado a entender que… bueno… quiero decir que yo no… –se detiene, huyendo de esa mirada ardiente.

Víctor, ilusionado, confunde totalmente sus palabras.

–¡Oh, mi amor! –exclama en el colmo de su alegría. E inmediatamente intenta abrazarla.

Cecilia se levanta rápidamente.

–¡No, Víctor, por favor! –le pide completamente nerviosa. No puede soportar esa situación. Es tan sorprendente lo que acaba de decirle el médico, que no sabe qué hacer. Pero es consciente que no puede prolongar más aquel momento– Lo que quiero decirte es que yo no comparto tus sentimientos –agrega decidida–. No te amo. Te veo y te quiero como un amigo, nada más. No creo haberte engañado en ningún momento.

Al ver la total desilusión en el rostro del joven, trata de suavizar sus palabras– ¡Perdóname, Víctor! Pero no puedo engañarte. Te aprecio muchísimo, pero… ¡no puedo amarte! –enfatiza llena de angustia.

No puede soportar por más tiempo aquella mirada. Sale corriendo y sube al auto. Acelera y en un momento llega a la estancia. Sin pasar por el comedor, para no enfrentar a Marta y a los demás poniendo en evidencia el conflicto que lleva adentro, sube rápidamente la escalera y se encierra en su cuarto.

Recién allí se siente liberada, aunque no sabe bien por qué. Rompe a llorar. ¿Por qué tuvo Víctor que enamorarse de ella, precisamente? ¿Por qué tuvo que confesarle su amor? Quiso vivir toda su vida sin ilusiones, para que nadie tuviera que sufrir por su culpa. Y ahora, el que ella menos quería hacer sufrir, le ha confesado que la quiere.

No puede explicarse lo que siente en ese momento.

Por un lado, tiene que confesar que es muy lindo sentirse amada, sentirse mujer, por primera vez en su vida. Pero por el otro, sabe que debe descartar toda posibilidad de ilusionarse. Los médicos fueron muy claros en su último diagnóstico: la próxima vez que la ataque el virus que tiene en su organismo, puede ser la última.

Su mente trabaja: ¿Por qué se ha sentido bien este último tiempo? ¿Será el aire de campo, la vida al aire libre que experimentó desde que llegó a la estancia? No sabe precisar cuál es el motivo, pero no quiere ilusionarse.

Ya más calmada, se recuesta en la cama. Pone las manos en la nuca y queda un rato con la mirada perdida en un punto indefinido del cielo raso. No quiere pensar, no quiere razonar… Pero a cada instante vuelven a su mente los momentos vividos en el consultorio. Reconoce que Víctor se portó muy correcto con ella. A pesar de ser tan impulsivo, supo contenerse. No desbordó sus sentimientos. Le habló con ternura y se mantuvo al margen, esperando su respuesta. Pero, ¿qué pasó con ella? ¿Le gustó que él le declarara su amor? No. ¿Por qué tendría que gustarle? Pero entonces, ¿por qué ese nerviosismo cuando piensa en él? "¡Oh, Dios mío! ¡Basta! ¡Si sigo pensando me volveré loca!".

Se levanta y va hasta su escritorio. Toma su Biblia y comienza a leer. Quiere alejar esos pensamientos que le hacen tanto daño.

Al cabo de un rato, se ha calmado y puede coordinar mejor sus sentimientos. Llega a la conclusión que no debe ilusionarse, ni tampoco ilusionar a Víctor. Pero entonces, ¿tendrá que dejar de ir a su consultorio? Sí. Será lo mejor.

En completa paz con su conciencia, baja hasta el comedor donde doña Blanca todavía la está esperando con el almuerzo.

CAPÍTULO X

Un solo mediador

Cecilia pasa esa tarde paseando a Danielito que ya aprendió a caminar. Trata de disfrutar los pocos días que quedan del otoño. Como siempre, Juancito la acompaña. El niño se ha apegado mucho a ella y ambos comparten gratos momentos.

La joven le enseña historias de la Biblia. Sabe que es lo que quedará grabado en su mente para siempre. Ella tiene los mejores recuerdos de los momentos que pasó con su abuela, quién la condujo a recibir a Cristo y la ayudaron en los momentos duros que le tocó vivir.

Al llegar la noche, comparte la Biblia con Marta. Esto se ha vuelto una costumbre. Ambas disfrutan de esa hermosa comunión.

Pero esta noche es algo especial para Cecilia. A pesar de sus esfuerzos, no puede evitar que su mente vuelva a lo sucedido a mediodía.

Se queda dormida enseguida. La caminata hace su efecto. Como ha decidido no volver al consultorio, no pone el despertador. Planea dormir hasta tarde.

Antes del amanecer, la despiertan unos fuertes golpes en la puerta del dormitorio. Abre apenas los ojos y comprueba que todavía no entra luz por la ventana. Se levanta sobresaltada y refriega sus ojos para terminar de despertarse. "¿Quién será a esta hora?" piensa extrañada. Enciende la luz del velador y se dirige a la puerta.

Al abrirla aparece frente a ella doña María, la madre de Víctor.

–¡Cecilia! ¡Menos mal que la encuentro! –exclama la mujer con voz angustiosa– Tiene que venir urgente a mi casa.

La joven parpadea repetidamente para convencerse que no está viendo visiones.

–¿Quéee…? ¿qué pasa? –pregunta totalmente desconcertada. No puede creer que doña María esté allí, frente a su puerta, pidiéndole que la acompañe. Desde aquella vez que la insultó, sus encuentros eran fríos, y evidenciaban su desprecio y desaprobación de que trabajara con su hijo.

Y ahora, ¡la tiene frente suyo!

–¡Por favor, Cecilia! –vuelve a suplicar la mujer con el rostro desencajado– Tiene que venir al consultorio. ¡Víctor ha tenido un accidente!

Al oír esto, la joven siente que su corazón se detiene.

–¿Qué le ha pasado a Víctor? –pregunta al colmo de su angustia.

–No sé muy bien –María trata de calmarse–. Hace un rato lo trajeron de la taberna. Eso no me sorprendió porque ya pasó varias veces, pero cuando lo fui a acostar, noté que su camisa estaba empapada de sangre.

–Pero, ¿qué le pasó? –la pregunta brota incontenible.

–No lo sé. Él no quiere decirme nada, solamente repite su nombre. Por eso vine a buscarla.

A Cecilia no le hace falta más. Se vuelve hacia el ropero y se viste con lo primero que encuentra. En completo silencio baja corriendo las escaleras. Llega al garaje y saca el auto. Cuando lo pone en marcha y se dispone a salir, se da cuenta que María ha llegado hasta la estancia a pie. Se detiene, la llama y le permite subir. La mujer se acomoda en el asiento del acompañante. Hacen el recorrido en silencio. En contados minutos llegan al consultorio.

Cecilia se encuentra tan nerviosa que no advierte que ha amanecido y en su apuro por descender, deja las luces del coche encendidas.

Llegan al dormitorio y antes que Cecilia tenga tiempo de reaccionar, Víctor le pide a su madre que se retire y los deje solos.

La joven se acerca a la cama. Observa los magullones y rasguños en el rostro del médico y sin hacer ningún comentario, retira la frazada que cubre su cuerpo.

–Anoche tuve una pelea en la taberna –trata de explicar Víctor, conteniendo la respiración y con sus manos apretándose el estómago.

–¿Con qué te hirieron? –Cecilia lo obliga a soltar sus manos. Cuando lo consigue, aparece ante sus ojos una tremenda herida a través de su ropa rasgada. Por un momento, la joven cree que va a desmayarse– ¡Cielo santo! –exclama asustada.

–No sé bien qué pasó –trata de explicar Víctor contrayendo su rostro de dolor–. No recuerdo siquiera quién me hirió.

–¡Seguramente estabas totalmente borracho! –exclama Cecilia disgustada. Quisiera decirle otras cosas, pero se da cuenta que no es momento para reproches. Trata de retomar toda la serenidad posible y va hasta el consultorio a buscar lo necesario para esterilizar la herida.

Mientras lo cura, observa la cantidad de sangre que hay empapada en la camisa y las sábanas.

–¿Hace cuánto tiempo que estás así?

–Desde medianoche –contesta Víctor, cada vez más pálido–. No quería venir… para no alarmar a mamá… pero después me di cuenta que… –a pesar de sus esfuerzos, su voz suena cada vez más débil.

–Ahora trata de relajarte –le ordena Cecilia–. Después me contarás cómo te hicieron esto –y sin más comentarios sigue curándolo.

Cuando se dispone a coser los tejidos internos para evitar más riesgos momentáneamente, advierte que Víctor afloja su cuerpo. "Se ha desmayado", piensa Cecilia, aliviada "Así no sentirá tanto dolor". Termina lo más rápido posible para hacerlo volver en sí. Cuando se dispone a moverlo hacia un costado, comienza a brotar abundante sangre de la herida.

–¡Una hemorragia! ¡Lo que faltaba! –la joven corre a buscar una inyección coagulante. Se la aplica y advierte que Víctor está recobrando el conocimiento.

–No te muevas que ya falta poco –le indica, mientras termina de vendarlo.

Observando que el joven médico no respira con normalidad, toma otra almohada de la cama vecina y delicadamente se la coloca debajo de la cabeza. Suavemente, seca la transpiración de su rostro.

Poco a poco vuelven los colores a su cara. Cuando Cecilia observa que ya respira normalmente, se sienta a su lado y exhala un profundo suspiro de alivio.

–Víctor –le dice con voz muy suave–. Esa herida es demasiado profunda. Va a tardar bastante en cicatrizar. Lo mejor será que te lleve a la ciudad para que te atiendan.

–No. Por favor –suplica el joven en un suspiro–, haz tú lo que creas necesario, pero no me lleves a otro lugar. Cada vez que me muevo, siento un dolor terrible.

–Ya te apliqué un calmante. En seguida te aliviarás, pero tú, siendo médico, sabes perfectamente que esta clase de heridas requieren de una atención especializada. Pueden surgir complicaciones. Yo no estoy capacitada para atenderte.

Él la envuelve en una cálida sonrisa.

–Lo que tú hagas estará bien. En el tiempo que llevamos juntos, he aprendido mucho de tu experiencia. Estoy seguro que podrás solucionar este caso sin problema.

–¡Eres terco como una mula! –lo reprende Cecilia.

Víctor sonríe y cierra sus ojos. Cuando ella se da cuenta que se ha dormido, quita la almohada que puso en su nuca y se levanta para ir a avisar a María que el peligro ha pasado por el momento.

–Ahora duerme, por el efecto del calmante –explica a la mujer que ha permanecido en la salita contigua–. Seguramente dentro de un rato le subirá fiebre. Me quedaré hasta comprobar que el peligro ha pasado.

María observa el gesto de cansancio y la palidez del rostro de la joven y solícita ayudarla en lo que pueda.

Cecilia le sonríe agradecida y vuelve al lado del enfermo. Está muy cansada, pero sabe que el problema mayor es la tensión nerviosa que está soportando.

Al rato, María entra en la habitación, portando una bandeja con alimentos.

–Le traje algo de comer –le dice en voz baja acomodando la bandeja en la mesa de luz–. Son más de las dos de la tarde y usted ni siquiera ha desayunado.

Cecilia asiente, extrañada del cambio tan rotundo que le demuestra la madre de Víctor, pero no dice nada. En cambio, le sonríe ampliamente, agradeciendo su gentileza.

Empieza a comer. Al escuchar unos sollozos, detiene el tenedor que se llevaba a la boca. Levanta su mirada y ve a María parada junto a su hijo, llorando.

Se llega hasta ella y la consuela dándole palmadas en la espalda.

–No se preocupe, señora. Su hijo resistirá. Es joven y sano. Confíe que reaccionará favorablemente.

María levanta el rostro y la mira a través de las lágrimas.

–No es por él que estoy llorando –le dice dolida– lloro por usted –Cecilia la mira extrañada–. Yo siempre la traté mal, la insulté y la desprecié. Sin embargo, a cambio de eso, usted vino constantemente ayudando a mi hijo… y ahora, no le ha importado dejar todo para venir a atenderlo. ¡Oh, Cecilia! ¿Podrá perdonarme?

La joven se conmueve ante esta confesión y por respuesta abraza a la mujer. Es la mejor manera de demostrarle sus sentimientos.

María llora un rato en sus brazos. Sintiéndose liberada, comienza a contarle al motivo del rencor que siente hacia todas las personas que se acercan a su hijo. Desde que quedó viuda se aferró a él y no puede soportar que alguien le robe el único afecto que le queda.

Cecilia escucha, incrédula, la confesión de esa mujer y por primera vez la ve como un ser humano, capaz de albergar buenos sentimientos. Hasta ahora le había parecido un témpano de hielo, incapaz de derretirse, pero ahora se da cuenta la aflicción que anida en su corazón de madre.

"¡Pobre mujer!", piensa conmovida, "¡Cuánto amor hace falta en su vida!".

Recuerda cuántas veces pensó que ella tenía la culpa de la decadencia moral de Víctor. ¡Qué equivocada estaba! "¡Dios mío! ¿Quién soy yo para juzgarla?", se pregunta arrepentida. En el silencio de su corazón eleva una oración: "Señor, ayúdame a hablarle de ti. De tu gran amor por ella. Dame las palabras necesarias para explicarle el camino de salvación que traerá la paz que su alma necesita".

Levanta la mirada hacia ella y al verla tan abatida, se identifica con su dolor. Toma una de las manos entre las suyas y la conduce hasta una cama al lado de la de Víctor.

–Doña María –Cecilia habla con ternura–, hay alguien que está dispuesto a ayudarla para que recupere el amor de su hijo y se alivie del peso que ahora la agobia.

La mujer al oír esas palabras, creyendo que le está ofreciendo su ayuda, esboza una sonrisa.

–Sí. Lo sé. Y le estoy agradecida por lo que ha hecho por mi hijo.

–¡Oh, no se equivoque! –exclama la joven– Yo soy una persona como cualquier otra y, por más que quisiera, no podría darle más que consejos que en la mayoría de las veces no valen mucho. La ayuda de la que quiero hablarle es divina, viene de Dios. Él es el único que puede ayudarla.

–¡Oh, sí! Yo, todos los días le rezo a la virgen, madre de Dios, y le pongo velas para que me ayude.

En ese momento viene a su mente lo que ha visto en la entrada de la casa. Al anochecer había una vela encendida ante la imagen de una virgen. Entonces comprende hacia dónde está dirigida la fe de aquella mujer.

–Doña María, la virgen fue una mujer como cualquiera de nosotros.

–¡Oh, no! ¡Ella fue virgen y santa!

–Sin embargo, ella misma confiesa su pequeñez e indignidad en el cántico que eleva a Dios. Ella dice: "Engrandece mi alma al Señor y mi espíritu se regocija en Dios mi Salvador, porque ha mirado la "bajeza" de su sierva". ¿Se da cuenta que ella misma reconoce su bajeza? –María la mira incrédula. No puede comprender que Cecilia piensa de esa manera. La joven prosigue:– La virgen María fue una mujer santa y virgen hasta el momento de dar a luz a Jesucristo, pero luego, la Biblia dice que José la "conoció", es decir que la recibió como esposa. Ella tuvo, además de Jesús, varios hijos más. Sus hermanos se llamaban Jacobo, José, Simón y Judas. Y también dice la Biblia que tenía varias hermanas. Por lo tanto, la virgen María, después de tener a su hijo primogénito, dejó de ser virgen. No quiero decir que fue una mala mujer. ¡Al contrario! Era una verdadera santa para que Dios la eligiera como madre de su Hijo. Pero no debemos llegarnos a ella, sino a Cristo.

–Pero es la madre de Jesús. Nadie mejor para interceder por nosotros. Cuando Cristo estuvo en la cruz, le dijo que recibiera a su discípulo Juan como hijo. Esto quiere decir que nos recibiera a nosotros también como sus hijos.

–La Biblia, en ninguna parte, dice que la virgen María sea la intercesora ante Dios, pero sí dice que ¡hay un solo Dios y un SOLO MEDIADOR, entre Dios y los hombres: Jesucristo Hombre. El que murió en la cruz fue Jesucristo, no la virgen María.

–Sí, pero ella, como su madre, comprende mejor nuestros problemas.

–Pero ella murió y su cuerpo quedó en la tumba. En cambio, el Señor Jesucristo resucitó. Es el único que tiene poder para liberarnos de nuestros pecados. En este momento está en el cielo intercediendo por nosotros y nos invita a que nos acerquemos a Dios confiadamente. El conoce nuestras debilidades, porque fue tentado en todo, según nuestra semejanza, pero sin pecado. Ahora espera que le llevemos nuestras cargas para poder aliviarnos.

Doña María se encuentra totalmente turbada. Escuchando a Cecilia se desmorona lo que estuvo creyendo toda su vida. Queda callada, perpleja.

Cecilia se da cuenta de la tremenda lucha que está pasando por la mente de la madre de Víctor y eleva su corazón al Señor pidiéndole ayuda.

–Doña María –le dice con voz suave–, permítame explicarle, qué hizo Dios por nosotros –al ver que la mujer está dispuesta a escucharla, prosigue entusiasmada–. Dios es un Dios de amor, pero también es un Dios justo. Él nos ama de tal manera que envió a su Único Hijo a este mundo para que tome nuestro lugar como pecadores. Cristo vivió sin pecado, pero en la cruz Dios cargó en Él el pecado de todos nosotros y recibió el castigo que nosotros merecíamos como pecadores. Ahora solamente nos pide que creamos en Cristo, como nuestro Salvador.

Cecilia se detiene para ver la reacción de María. Como todavía observa dudas en su mirada, le pregunta:

–¿Se da cuenta, María, que Dios es santo? Usted y yo hemos pecado, y ese pecado nos separa de Él.

–Sí –asiente la mujer, no muy convencida–. Yo he tratado siempre de agradar a Dios…

–Nada de lo que nosotros hagamos, nos vale para entrar al cielo. La Biblia dice que nos salvó, no por obras de justicia que nosotros hubiéramos hecho, sino por su misericordia. Y en otro pasaje aclara que somos salvos por gracia, por medio de la fe; no por obras, para que nadie se gloríe.

–Sí –asiente la mujer muy nerviosa–. Pero también yo leí que la fe sin obras es muerta.

–¡Por supuesto! Pero las buenas obras son el resultado de nuestra salvación. No valen para salvarnos –las dudas de la mujer continúan. Cecilia ora intensamente para que comprenda–. Dígame, doña María, si nosotros nos hubiéramos podido salvar por nuestros méritos, ¿para qué vino Cristo al mundo a soportar el oprobio, las burlas, el sufrimiento de la cruz y el desamparo de Dios?

Doña María se inclina hacia adelante y manifiesta sus dudas:

–Entiendo que soy pecadora, a pesar de mis esfuerzos para agradar a Dios y que Cristo murió por mis pecados… Pero, ¿qué tengo que hacer?

–Crea en el Señor Jesucristo con todo el corazón y pídale perdón por sus pecados.

–Yo siempre he creído en Dios y en Jesucristo.

–No es solamente creer con nuestro entendimiento. La Biblia dice que también los demonios creen y tiemblan. Debemos creer y aceptar al Señor Jesucristo como nuestro Salvador.

María escucha lo que Cecilia está diciendo, pero algo dentro de ella se resiste.

La joven la observa en silencio unos minutos. Al ver el conflicto por el que está pasando la mujer, trata de ayudarla:

–Permítame darle un ejemplo práctico de la clase de fe que nos pide Dios.

La mujer asiente en silencio.

–Cuando usted se siente enferma, ¿qué hace?

–Y… voy a ver a mi hijo para que me dé algún remedio.

–¡Perfecto! Usted cree que su hijo le va a dar el remedio adecuado a su dolencia.

–Sí…

–Va a la farmacia y compra el remedio porque cree, o sabe que será la solución para su dolencia, pero si no lo toma. ¿Le hará efecto?

–¡Por supuesto que no! Debo tomarlo.

–Pero si usted "cree" que la va a curar, ¿no es suficiente?

En ese momento cambia la expresión en el rostro de María:

–¡Ahora entiendo! Recibir a Cristo como Salvador es algo como tomar un remedio. Pero, ¿cómo lo hago?

–Dígale al Señor lo que siente. Él está en todas partes y puede oírla.

María duda un instante más y al ver que Cecilia se ha inclinado, cerrando sus ojos, la imita:

Se produce un prolongado silencio.

La joven se da cuenta que la madre de Víctor no sabe cómo dirigirse a Dios y la ayuda:

–Señor Jesucristo… Escucha lo que María quiere decirte.

Comprendiendo lo que Cecilia le sugiere, comienza a balbucear:

–Dios. Esta tarde he comprendido que toda mi vida he vivido equivocada… quise hacer cosas para aplacar mi conciencia. Ahora me doy cuenta que soy pecadora. ¡Perdóname, Señor!

Abre los ojos y abraza a Cecilia, llorando, emocionada.

–¡Gracias, gracias! Me siento liberada.

–Ahora ya es una hija de Dios –explica la joven también con lágrimas en sus ojos– Desde ese momento usted tiene salvación y vida eterna. Nadie, ni el mismo Satanás, podrá quitarle esto qué Dios le ha dado.

En ese momento, Víctor despierta y pide agua.

–Yo se la voy a traer –dice María tratando de recuperarse de la emoción–, usted vaya a atenderlo.

Cecilia se acerca a la cama del enfermo.

–¿Te sientes mejor? –le pregunta suavemente, mientras le toma la presión y le coloca el termómetro para medir la fiebre.

–Estoy dolorido, pero he podido dormir un rato –Víctor observa por la ventana que ya está anocheciendo.

Cecilia se retira un poco y busca en el armario algunas inyecciones. Cuando se encuentra preparando la jeringa, llega María con el vaso de agua que pidió su hijo.

–Apóyate en mi brazo para que no te ahogues –le indica con una ternura especial que no pasa desapercibida por el joven médico.

Mientras bebe el agua a pequeños sorbos, observa con atención a su madre. Tiene un nuevo brillo en su mirada y sonríe como hace mucho tiempo que no lo hacía.

–¿Qué ha pasado, mamá? –le pregunta extrañado– ¿Estuviste aquí conmigo?

–Toda la tarde –aclara Cecilia con una jeringa en sus manos.

Mientras prepara el brazo de Víctor, intercambia una sonrisa significativa con María. Esa actitud termina de desconcertarlo. ¿Qué puede haber sucedido para que su madre haya cambiado tanto su manera de tratar a Cecilia? No lo entiende, pero… ¡Mejor así!

Pasan algunos minutos más y vuelve a dormirse. Todavía no le ha bajado la fiebre. Cecilia decide quedarse a pasar la noche a su lado.

Mientras vela el sueño del enfermo, la joven va a buscar la Biblia que le había regalado a Víctor hace tiempo y que permanece en un cajón del escritorio. Al tomarla en sus manos, rememora lo sucedido esa tarde y siente un cargo de conciencia por no haber comprendido antes a María. En su afán por ayudar a Víctor, no advirtió que al lado suyo había un ser tan necesitado como él. "¡Gracias, Señor, por corregir mi error!".

Cuando se sienta al lado de la cama del joven médico, llega su madre, dispuesta a acompañarla.

Al advertir que tiene la Biblia, pide a Cecilia que lea algo para ella. Con gran alegría, la joven va leyendo pasajes que contienen promesas de Dios para sus hijos. Poco a poco, le va explicando, con paciencia, las verdades maravillosas de la Palabra del Señor.

CAPÍTULO XI

Reconocimiento y perdón

Los días siguientes, Cecilia no se retira de la cama de Víctor, hasta que comprueba que ya está fuera de peligro.

El trabajo en el consultorio se va atrasando. Cecilia trata de poner al día lo que está a su alcance. Atiende a los pacientes que no requieren mayor conocimiento de acuerdo a su formación. Gracias a los delicados cuidados de la joven, Víctor se ha recuperado lo suficiente para levantarse y caminar un poco. Cecilia le ha manifestado que cuando ya se valga solo, no vendrá más, para evitar que siga ilusionándose. Algo que el joven médico no puede evitar. Por esa razón, aunque ya se siente bien, finge seguir delicado para mantenerla a su lado.

Cecilia comienza a debilitarse notablemente. El intenso trabajo acaba con sus fuerzas. Su enfermedad vuelve a atacarla. Los fuertes dolores la obligan a tomar calmantes cada vez más fuertes, para mantenerse en pie.

Una mañana, al intentar levantarse, se desploma desmayada al lado de la cama. Marta, que todavía comparte su dormitorio con Danielito, corre a levantarla y después de acomodarla en la cama, baja las escaleras pidiendo ayuda.

Cuando vuelve, Cecilia ha vuelto en sí. Antonio va hasta el pueblo para mandar un telegrama a don Pedro.

Marta se sienta en el borde de la cama:

–¿Te sientes mejor? –le pregunta bastante asustada.

Cecilia asiente en silencio y esboza una débil sonrisa, dándole a entender que no se preocupe.

–Yo notaba que cada día estabas más pálida –le reprocha dulcemente Marta–. Pero tú insistías en seguir yendo al consultorio para ayudar a Víctor. ¡Mira ahora las consecuencias! –al ver el gesto de dolor en el rostro de su amiga, pregunta asustada– ¿Qué te pasa, Cecilia?

Para dar su respuesta, la enferma señala unos remedios. Marta se apresura a alcanzárselos con un vaso con agua. Mientras la ayuda a tomarlos, continúa:

–¿Por qué te empeñaste en que Víctor no se enterara de tu enfermedad? Él, como médico, te hubiera ayudado.

–No, Marta –contesta débilmente Cecilia–. Si él se hubiera enterado que estoy enferma, no me hubiera permitido que trabaje…

–¿Y no hubiera sido mejor?

–No, Marta. Yo quería ser útil en la poca vida que me queda.

–No hables así –le reprocha su amiga. Algunas lágrimas empañan sus ojos.

Cecilia, un poco recuperada, le sonríe comprensiva.

–Si tú supieras cuánto me costó aceptar mi enfermedad –le explica tristemente–. El Señor me dio resignación. También me enseñó que estar en su presencia es muchísimo mejor. En cada viaje que hacíamos con papá para consultar con un nuevo especialista, se renovaba mi esperanza de vivir, pero la noticia que nos daban me desalentaba. Ninguno podía contrarrestar mi enfermedad. Tuve que resignarme a este mal. Ya me han anticipado que la próxima vez que me ataque este virus, posiblemente sea la última –Cecilia observa a su amiga con lágrimas que corren por su rostro y la anima dulcemente–. No sufras por mí. El Señor me ha prometido que, al morir, mi alma abandonará este cuerpo de dolor y subirá a su presencia.

Marta muerde los labios para ahogar el grito que quiere brotar de su garganta. Solloza, impotente. Ha aprendido a amar tanto a su amiga que no se resigna a perderla.

Cecilia aprieta la mano de Marta, mientras se reclina en la almohada y cierra sus ojos, agotada:

–Por favor, no llores por mí –le pide con voz apenas perceptible.

Un momento después llega Blanca.

–Antonio ha hablado por teléfono a Buenos Aires. Don Pedro ya está en camino.

Ese día, obligan a Cecilia a quedarse en cama, pero no llaman a Víctor ante el ruego de la enferma. Ella no quiere alarmarlo.

Al otro día, al despertar, Cecilia encuentra a su padre sentado al lado de su cama.

–¿Cuándo llegaste? –le pregunta somnolienta.

–Esta madrugada –contesta tímidamente su padre–. Viajé toda la noche para llegar temprano. ¿Cómo estás, hija?

–Bien, papá. No te preocupes. Creo que se alarmaron demasiado por nada –sintiéndose adormecida vuelve a cerrar sus ojos.

Don Pedro mira tristemente el pálido rostro de su hija. "¡Pobre querida! ¡Cuánto la hice sufrir!", piensa conmovido, "¡Cómo quisiera volver a tenerla chiquita, para darle todo el amor y protección que siempre le negué!".

Sin poder evitarlo, las lágrimas comienzan a rodar por sus mejillas.

Cecilia abre nuevamente los ojos y se extraña al ver correr lágrimas por el rostro de su padre. "¿Será posible que tenga sentimientos?", se pregunta extrañada, "Siempre pensé que era incapaz de llorar algún día".

–¿Por qué lloras, papá?

La pregunta de Cecilia, lo saca de sus cavilaciones.

–Al mirarte, recordaba cuando el primer médico que te revisó, me anticipó que ibas a sufrir mucho, porque la enfermedad que tenías, además de incurable, era cruel en su desarrollo –la voz de don Pedro se hace melancólica–. No me resigné a ese diagnóstico y te llevé a todos los especialistas que me aconsejaban, siempre con la esperanza de obtener alguna cura. Pasaron los años y cada vez que ese maldito virus te atacaba, renegaba de haberte traído al mundo –se detiene un momento y continúa– y ahora, cuando eres lo único que me queda, me doy cuenta cuánto te quiero y cuánta falta me haces.

Cecilia se estremece al oír hablar de esa manera a su padre. ¡Por primera vez le ha confesado su cariño! Alarga su mano y seca las lágrimas que siguen corriendo por sus mejillas.

–Yo también renegué muchas veces de haber nacido –reconoce tristemente la joven–. Pero abuela me hizo entender que Dios así lo había querido y que Él me esperaba en el cielo donde había ido a prepararme un lugar, todo el panorama de mi vida cambió. Ya no me sentí más sola, ni desamparada. ¡Me resigné a esta enfermedad con todas sus consecuencias!

–¡Hija querida! –exclama don Pedro, entre sollozos, mientras la abraza y la aprieta contra su pecho– ¡Perdóname! ¡Perdóname! –es lo único que alcanza a decir.

Cecilia se conmueve hasta las fibras más íntimas. Comprende, por primera vez, que su padre también la ama, que la ha amado toda la vida. No le demostró nunca su amor porque no podía resignarse a perderla algún día.

Ese descubrimiento la hace feliz, ¡Inmensamente feliz!

–¡Gracias, papá, por estar a mi lado en estos momentos! –balbucea entre los brazos de su padre.

Don Pedro se separa un poco y mira a su hija a través de las lágrimas.

–Tuve que sufrir mucho para darme cuenta cuánto me haces falta, hija –saca un pañuelo de su bolsillo y seca primero el rostro de ella y luego el suyo–. Cuando me fui a Buenos Aires, después de decirte que tenías que abandonar esta casa si seguías protegiendo a Marta, todavía tenía una venda en mis ojos. No podía admitir que alguien hablara mal de Héctor. ¡Llegué a echarte por su culpa!

–Bueno, papá, pero después te arrepentiste y me dejaste que me quedara en esta casa.

–Sí, pero no de buena gana –don Pedro baja la vista avergonzado–. Cuando estuve en Buenos Aires me enteré poco a poco que aquel hijo a quién yo había protegido, era realmente un sinvergüenza –nuevamente aparecen lágrimas en los ojos del hombre al mirar a Cecilia–. ¡Hija querida! ¡Si supieras todo lo que descubrí de tu hermano en este año que estuve en la capital!.

La joven, al verlo tan abatido, siente lástima por él. "¡Quiso tanto a Héctor que debe ser tremendo tener que reconocer esto delante mío! ¡Pobre papá! ¡Parece que tuviera veinte años más que cuando se fue!".

De a poco, don Pedro cuenta a Cecilia todos los engaños que fue descubriendo de su hijo.

–¡Hasta me enteré que robaba de mi caja fuerte para ir a jugar al casino!

Cecilia se compadece de ese ser que le dio la vida y que ahora se encuentra totalmente derrumbado.

–¡Por favor, papá! No quiero que sigas recordando. Eso te hace daño –le sonríe apenas, tratando de reanimarlo–. De todas maneras, esto que me cuentas, no es novedad para mí…

El hombre la mira, extrañado:

–¿Tú sabías lo que Héctor hacía a mis espaldas?

–Sí, papá. Yo lo sabía.

–¿Y por qué no me lo dijiste?

–¿Me hubieras escuchado? –Cecilia mira a su padre serena –¿Acaso me creíste cuando te dije que era el padre de Danielito?

–Tienes razón, hija –reconoce tristemente don Pedro, bajando la vista, avergonzado –. Estaba tan ciego que no podía creer que fuera capaz de algo así –sonriendo a sus pensamientos, añade–. Luego me enteré que no solamente fue capaz de abandonar a una muchacha embarazada, sino que toda su vida vivió engañando a todos. ¡Hasta a su mismo padre!

Se hace un prolongado silencio. Sólo se escucha los suspiros de don Pedro. Cecilia intuye que detrás de todo esto hay algo más que todavía no se ha animado a confesarle. No quiere herirlo más con recuerdos ingratos y queda callada a su lado, respetando su dolor.

Al cabo de un rato, el padre se recupera un poco. Levanta la vista hacia su hija y comienza a decir:

–Lo que te conté no es lo peor, Cecilia.

–Me lo imaginaba, papá. ¿Qué otra cosa deseas contarme?

–No quería decírtelo en estas circunstancias, pero creo que

será peor que te enteres de otra manera.

–No te preocupes, papá –lo anima Cecilia–. Ya estoy resignada a todo.

Don Pedro vuelve a mirarla. Luego de unos instantes de vacilación, añade con voz triste:

–Lo único que nos queda de toda nuestra fortuna es esta estancia, hija. Héctor cometió tantas estafas, que para pagar lo que debía y salvar en parte nuestro honor, me vi obligado a desprenderme poco a poco de nuestras propiedades, los departamentos, los autos, ¡hasta perdí la fábrica! –exclama desesperado, ahogando un sollozo– ¿Te das cuenta, Cecilia? ¡Estamos en la ruina!

La joven no sabe qué decir. Esperaba malas noticias, pero nunca se imaginó que su hermano fuese capaz de llegar hasta ese extremo.

Queda un momento con sus propios pensamientos. Recobrando la noción del tiempo y del lugar, se da cuenta que ahora su padre la necesitará más que nunca. Tendrá que ser fuerte, para ayudarlo en lo que le quede de vida. "¡Oh, Señor", clama en su interior, "¡Cuánto tuvo que sufrir, para bajar de su pedestal! ¡Cuánto tuvo que suceder para que perdiera su orgullo! Por favor, Dios mío. Ayúdame a acompañarlo, a protegerlo. Pero por sobre todas las cosas, dame las palabras que quebranten su corazón para que busque la salvación y el perdón de sus pecados. Concédeme la gracia de vivir un poco más hasta que llegue a tus pies, y dale las fuerzas para soportar la nueva separación que deberá enfrentar cuando me lleves a tu presencia".

–Papá –balbucea en voz alta, cortando el silencio–. ¿Reconoces por fin que contra Dios no se puede luchar?

–¿Por qué me dices eso, hija? ¡No puedo creer que Dios haya querido que pierda a mi esposa y a mi hijo! ¡Y también quedara en la ruina! –los reclamos se acumulan en la garganta de este hombre que se resiste y se excusa ante Dios– Tanto mi suegra, como tú siempre me mostraron que Dios es amor. Si realmente me amara, ¿crees que me hubiera quitado lo que más quería, dejándome con mi hija enf... –se detiene, arrepentido de haber hablado así delante de Cecilia.

–Dilo, papá. No te detengas. Te dejó nada más que una hija enferma –la joven mira directamente a los ojos a su padre, obligándolo a que él haga lo propio–. ¿Reconociste alguna vez, que todo lo que tenías, se lo debías a Dios? Él te ama tanto, que te dio todo para que pudieras disfrutarlo –la voz de Cecilia suena débil, pero firme–. ¿Alguna vez te acordaste de dar gracias a Dios por todo lo que tenías? –don Pedro la mira. No sabe qué responder– Dios te ama tanto, que no quiere que pierdas tu alma, por eso te quitó lo que más querías, para que reconocieras que todo viene de Él. ¡Oh, papá! Reconoce que lo que te ha sucedido es porque era la única manera de salvarte del infierno, donde seguramente están Héctor y mamá.

–¡No puedo admitir que ellos estén en el infierno! –exclama don Pedro con desesperación– ¡No puede ser que estén ahí! ¡Dios les tiene que haber dado una oportunidad!

–¡Sí que les dio oportunidades! –reconoce tristemente la joven– Pero ellos las rechazaron, para vivir sus propias vidas. Ahora es demasiado tarde para ellos –mira conmovida el gesto de congoja en el rostro de su progenitor y prosigue con voz dulce–. Estoy segura que tanto mamá, como mi hermano, desde el infierno, al igual que el hombre rico que habla la Biblia en el evangelio según San Lucas, están rogando para que tú no vayas a ese lugar de tormento. Con sólo pensar en eso, les convierte el infierno en un tormento mayor de lo que es. Te aseguro, papá, que tanto Héctor como mamá, lo que más desean es que recibas a Cristo para que te libres de ir donde están ellos ahora.

Don Pedro comienza a llorar, sin poder contenerse. ¡Por fin su corazón reconoce su pecado y olvido de Dios! Llora, arrepentido, su vida inútil, gastada en cosas vanas y sin fundamento.

–¡Oh, Dios mío! –exclama conmovido– ¿Puedes perdonar mi orgullo al no reconocer que me diste y me quitaste todo para que te buscara?

–El Señor perdona todo, papá. Por eso murió por ti y por mí en la cruz del Calvario.

Cecilia abraza a su padre que llora como un niño arrepentido, en su pecho.

¡Por fin lo ve como deseó que fuera siempre!

CAPÍTULO XII

Amar y ser amada

Mientras tanto, Víctor espera en vano la llegada de Cecilia. El día de ayer, tampoco vino, pero pensó que habría tenido algún contratiempo. Pero hoy es el día que recorren las estancias vecinas. Hasta ahora nunca faltó a esa tarea. Mira con impaciencia el reloj. La hora avanza y deberá asumir solo esta responsabilidad.

Espera un rato más. No pierde la esperanza de verla llegar. "¿Y si le hubiera sucedido algo malo?" al pensar en esto su corazón late aceleradamente. En ese momento viene a su mente la palidez, cada vez más acentuada, en el rostro de la joven. ¿Y esos remedios que tomaba, creyendo que él no la veía? "¡Oh, Dios mío! ¿Y si ella estuviera enferma?". No puede ser. Lo hubieran mandado a llamar. Por algo es el único médico del pueblo. Pero entonces, ¿qué le habrá pasado? ¡Quizás se dio cuenta que él la engañaba, cuando le decía que todavía estaba delicado! ¡Claro! Seguramente es eso. ¿Cómo no lo pensó antes? Ahora tendrá que acostumbrarse nuevamente a su soledad.

Se levanta y comienza a acomodar lentamente su maletín.

Cada instrumento que va guardando le trae a su mente algún momento vivido a su lado. ¿Y si fuera a verla? No. No debe hacerlo, después de todo, le queda algo de dignidad. Si ella no ha querido venir a su consultorio, él no debe rebajarse a ir a buscarla, pero… ¡Si no puede estar sin verla por lo menos un rato! Después de todo, puede decir que va interesado en su salud. Eso es lógico, como médico. Y… ¡al diablo con su orgullo!

Cierra su maletín con decisión. Avisa a su madre que no lo espere hasta la tarde y emprende el camino hacia la estancia.

Ni bien llega, Blanca lo entera que Cecilia está enferma. Con el corazón latiéndole furiosamente, sube las escaleras corriendo y, sin golpear la puerta, penetra en el dormitorio de la joven. Al verla con las manos entrecruzadas sobre el pecho, se acerca muy despacio, creyendo que está dormida. Queda muy quieto a su lado, observando con asombro la palidez casi mortal de su rostro. Toma una de sus manos para controlar el pulso.

Cecilia siente el contacto de su mano y abre apenas los ojos:

–Te oí llegar, pero pensé que era Marta o papá –balbucea adormilada.

–¿Hace cuánto que estás con estas palpitaciones? –pregunta Víctor asustado, sacando un recetario, dispuesto a anotar los medicamentos que necesita.

–No te molestes en darme más remedios –le indica la joven con una pequeña sonrisa– Ya me dieron todo lo que puedo tomar.

Víctor deja de escribir y la mira extrañado.

–¿Qué es lo que te pasa, Cecilia? ¿Vino otro médico?

Ella le sonríe por respuesta. No tiene fuerzas para hablar más.

–Dile a papá que te explique mi enfermedad. Yo traté de ocultártela hasta ahora, pero ya es inútil.

–Pero, ¿qué trataste de ocultarme? ¿Sufres alguna enfermedad incurable? –Víctor se niega a admitir que algo así pueda ser cierto.

–Venga a mi escritorio que yo le explicaré –le dice don Pedro, que ha entrado en la habitación justo a tiempo para oír las últimas preguntas del médico.

Víctor sigue al hombre con un gran peso en el corazón. Se da cuenta que nunca trató de averiguar la razón de la palidez constante en el rostro de Cecilia. Cuando la veía tomar los remedios, nunca se detuvo a pensar los motivos. ¿Será posible que ella haya estado enferma y él, siendo médico, no se dio cuenta?

Llegan al escritorio del dueño de casa. Víctor acepta la silla que le ofrece y se sienta frente a él. El padre de Cecilia explica, lo mejor que puede, el proceso de la cruel enfermedad de su hija. Saca de un cajón del escritorio, una carpeta donde guarda los estudios que le hicieron los especialistas a los que la llevó y se la alcanza al médico.

Víctor la recibe y revisa atentamente aquel historial clínico. Cuando termina, cierra la carpeta enojado.

–¡No puede ser cierto todo lo que está aquí! –exclama con un grito ahogado por el llanto. Siente que su corazón se hace mil pedazos –¡No puede ser que esté condenada a morir tan joven y de esa manera! –toma el rostro entre sus manos y suelta el llanto.

Don Pedro lo mira, conmovido. Lágrimas corren también por sus mejillas.

–Si usted supiera cuánto me costó acostumbrarme a esa idea –suspira entre sollozos.

Víctor se levanta y pasea por el lugar:

–¿Está seguro que está todo hecho? ¿No habrá algún medicamento que no hayan probado? ¿o alguna droga que se haya descubierto que contrarreste esa tremenda enfermedad?

Don Pedro lo mira, con gesto de resignación.

–Yo agoté todos los recursos que estuvieron a mi alcance. La llevé a los mejores especialistas del mundo. Usted puede comprobar en esa carpeta cuántos médicos la vieron. Todos fueron terminantes: cada vez que la ataque ese virus, puede ser la última.

–¡No puede ser, Dios mío, no puede ser! –exclama Víctor, moviendo la cabeza de uno a otro lado. ¡No puede ser que justamente Cecilia, tenga que morir de esa manera! Se cubre nuevamente el rostro y muerde las palmas para ahogar el grito que quiere brotar de su garganta.

Ahora que ha descubierto que se ha enamorado nuevamente. Que puede volver a amar y a vivir por alguien que realmente lo merece, se entera que ese mismo ser que ha hecho latir su corazón, está condenado a morir en poco tiempo.

Queda un rato ahogando su dolor. Sintiendo que todo su ser se revela a aceptar esa noticia, se dirige a Don Pedro

–Quiero pedirle un favor –le dice con voz firme–. Présteme esta carpeta. Quiero mostrársela a uno de mis profesores de la universidad. Quizás él sepa decirme de algo nuevo que se ha descubierto para contrarrestar esa enfermedad.

Don Pedro lo mira asombrado.

–Haga lo que quiera, amigo –le dice alcanzándole los estudios–. Pero no creo que consiga nada.

Víctor toma la carpeta y se dirige a la habitación de Cecilia.

–Tu padre me ha contado todo –se sienta al lado de su cama y le habla con dulce voz–, pero quiero decirte que yo no me resigno a perderte. Desde que descubrí que te amo, tengo una razón para seguir luchando. Me doy cuenta por qué me rechazaste. No querías ilusionarme inútilmente. Eso ahora no importa, mi amor. Lucharé con todas mis fuerzas para salvarte. Quiero que seas mi esposa, la madre de mis hijos. Toma la blanca mano de la joven entre las suyas, la aprieta suavemente con sus labios y la besa con dulzura, mirándola a los ojos, expresándole sus sentimientos.

Cecilia se conmueve profundamente ante aquellas palabras.

–Mi vida está en las manos de Dios –intenta hacerlo reaccionar ante la realidad–. Él solamente decidirá cuándo tendré que ir a su presencia.

El joven médico mueve la cabeza negándose a aceptar aquellas palabras.

–Hoy mismo viajaré a la capital. Te aseguro que, aunque tenga que recorrer el mundo, no volveré hasta tener una solución para tu enfermedad.

Sin que Cecilia alcance a reaccionar, toma su rostro entre las manos y la besa en los labios. Se levanta, y sale a grandes pasos de la habitación. Al momento se le escucha bajar las escaleras corriendo.

Cuando todo vuelve a ser silencio, Cecilia trata de ordenar sus pensamientos. ¿Es posible que Víctor siga enamorado de ella? ¿No se desilusionó con todo lo que ella le dijo? ¿O es que también para ella está concedido el amor? ¿Es posible que pueda enamorarse como cualquier otra chica? Al pensar en esto, siente que su corazón vuelve a latir con nuevas esperanzas. "¡Oh, Señor! ¡Qué hermoso sería amar y ser amada!".

Al momento, vuelve a la realidad y se da cuenta que no debe hacerse ilusiones inútiles.

–¡Dios mío! –ruega desde lo más íntimo de su ser– ¡Ayúdame a soportar lo que falta, sin hacer sufrir a nadie más!

Mientras tanto don Pedro continúa en su escritorio. Vencido totalmente ante el negro panorama que se le presenta en su vida, ya no tiene lágrimas para llorar. "¡Oh, Señor!, clama en su interior, Cecilia me hizo comprender por qué perdí a mi esposa, a mi hijo y también mi fortuna. ¡Era la única manera de humillarme ante ti! Pero ahora, Dios mío. Ahora que puedo llamarte Padre y que, según tu Palabra, escuchas el clamor de tus hijos. ¡Concédeme el favor que te pido! ¡Salva a mi hija! Te lo ruego, Señor. No podré vivir sin ella ¡Es lo único que me queda!".

Vencido ante su total impotencia, cruza los brazos en el escritorio y esconde el rostro, mientras su ser se desgarra por el llanto.

CAPÍTULO XIII

Un sabor amargo

Los días siguientes se suceden sin mayor novedad. El doctor Saldívar, a pedido de Víctor, ha venido a reemplazarlo en el consultorio. Al enterarse que Cecilia se encuentra nuevamente enferma, se llega hasta la estancia y le hace algunas transfusiones para fortalecerla.

Pasa algún tiempo sin que tengan noticias del joven médico que ha viajado a la capital.

Un día, sintiéndose un poco mejor, la joven enferma pide a Marta que la saque a dar un paseo por la estancia.

—Es primavera y quiero admirar la naturaleza. Aquí adentro se me hacen interminables los días. Llévame hasta el patio o al jardín, por favor.

Marta, deseosa de complacer a su amiga, la ubica en una silla de ruedas y la lleva a recorrer los lugares que ella le ha pedido. Mientras caminan, trata de animarla con su charla, disimulando como puede la tremenda congoja que siente al ver cómo se agita su amiga, solamente con tratar de hablar.

Cuando regresan, Cecilia alcanza a ver a su padre, sentado en un sillón de la entrada, jugando con Danielito en sus rodillas.

–¿Desde cuándo papá se dedica a jugar con su nieto? –pregunta, asombrada con aquella actitud desconocida de su progenitor.

–¡Don Pedro está totalmente cambiado! –exclama la joven madre muy sonriente– Desde que llegó, lleva todos los días a Danielito a pasear por la estancia. Lo lleva a los corrales, al jardín, a los campos vecinos y desde hace unos días, hasta prepara su comida y se lo lleva al comedor grande para que almuerce con él. Danielito le ha tomado tanto cariño que apenas lo levanto a la mañana, me pide que lo lleve con su "abuelito".

–¡Qué lindo es verlos juntos! –Cecilia observa con ojos tristes la escena en la entrada de la casa. Al recordar que Antonio todavía no ha declinado en su actitud de perdonar a Marta, cambia la expresión de su semblante. "¡Ojalá él también pueda encariñarse con esa criatura para ablandar su corazón!".

Van llegando a la escalinata de la entrada principal y cuando don Pedro ve a su hija.

–¡Cecilia! –exclama yendo a su encuentro con el niño en sus brazos– ¡No debiste salir tan pronto! – ayuda a Marta a subir la silla de ruedas. Cuando intenta entrarla en la casa, la enferma lo detiene.

–No, papá, ¡por favor! Quiero quedarme un poco más aquí –le ruega.

El padre mira con ojos tristes ese rostro tan querido y cede a su pedido, sin reproches.

Danielito sigue jugando. A ratos en los brazos de su abuelo y otros con la silla de ruedas de Cecilia que ríe divertida ante las travesuras del pequeño.

Después de unos minutos, viene Marta y se lleva al niño para cambiarlo.

Cuando quedan solos, don Pedro acerca la silla al lado de su hija.

–¿Te sientes mejor hoy? –le pregunta mirándola ansioso.

–No te preocupes por mí, papá –Cecilia le sonríe, animándolo.

–¡Cómo quisiera disponer de mi fortuna para llevarte a un centro asistencial competente! –exclama compungido viendo el rostro de resignación de la joven.

–¡Oh, papá! ¡Tú ya hiciste demasiado por mí! Cuando tenías tu fortuna me llevaste a todos los lugares que te era posible y sabes perfectamente que tuve que sufrir inútilmente toda clase de pruebas. Las punciones en la médula son muy dolorosas. Ahora déjame aquí. Es mejor. ¡El aire de campo me fortalece más que las inyecciones que me pusieron en mi vida! –viendo que su padre ha comenzado a llorar nuevamente, agrega con voz segura– Papá. Mi vida está en las manos de Dios. Ya te dije antes y te lo repito ahora. Ni tú, ni nadie podrán hacer más de lo que Él decida –toma una de las manos de su padre entre las suyas y lo mira directamente a los ojos–. Quiero que aprendas a confiar en el Señor. Él siempre quiere lo mejor para nosotros. Y si Él decide que muera… –al mencionar esta palabra, siente un estremecimiento a través de la mano de su padre. Se la aprieta suavemente y agrega– Alcánzame una Biblia, papá. Quiero que leas para mí un pasaje que me ayuda cuando estoy deprimida.

Don Pedro se levanta y al momento vuelve con una Biblia en sus manos. Se la alcanza a Cecilia, quién la abre y se la entrega, señalándole un pasaje remarcado.

Don Pedro lee:

–"Y sabemos que a los que aman a Dios, todas las cosas les

ayudan a bien… Si Dios es por nosotros, ¿quién contra nosotros? El que no escatimó ni a su propio Hijo, sino que lo entregó por todos nosotros, ¿cómo no nos dará también con él todas las cosas?... ¿Quién nos separará del amor de Cristo? ¿Tribulación, o angustia, o persecución, o hambre, o desnudez, o peligro, o espada?... Antes, en todas estas cosas somos más que vencedores por medio de aquel que nos amó… Por lo cual estoy seguro, de que ni la MUERTE, ni la vida, ni ángeles, ni principados, ni potestades, ni lo presente, ni lo por venir, ni lo alto, ni lo profundo, ni ninguna otra cosa creada nos podrá separar del amor de Dios, que es en Cristo Jesús, Señor nuestro".

Don Pedro cierra la Biblia y Cecilia observa que ha dejado de llorar. Hay un nuevo brillo en su mirada.

–¿Comprendes, papá, por qué no debemos sentir temor de nada que pueda pasarnos? Nuestra vida está en sus benditas manos. Y no sucederá más de lo que Él permita en su santa voluntad, que siempre es agradable y perfecta.

Don Pedro da un profundo suspiro y queda callado, meditando en lo que acaba de leer. Todo esto es nuevo para él. Agradece a Dios que le da esa nueva resignación para soportar la cruel enfermedad de su hija.

En ese momento llega Marta con un abrigo en sus manos.

–Mamá me manda para que te pongas eso. Ya está anocheciendo y el fresco te puede hacer mal.

–Mejor la llevas adentro –aconseja don Pedro con voz firme.

Pasan algunas semanas más, en las que observan leves mejorías en el organismo de Cecilia que hacen alentar nuevas esperanzas a todos los que viven pendientes de su enfermedad.

Hasta que una noche, Marta se despierta sobresaltada al oír que la joven respira entrecortadamente. Corre hasta su cama y observa que la enferma ha empeorado visiblemente. Se pone una bata y sale desesperada en busca de ayuda.

En un momento más llega a la estancia el doctor Saldívar, en el auto de don Pedro que fue a buscarlo. Revisa superficialmente a Cecilia y le coloca una inyección para ayudarla a respirar. Se levanta lentamente y mira uno a uno los rostros de los que están rodeando la cama. Al momento, éstos advierten que la situación de la joven es realmente grave.

–Trataré de hacerle una nueva transfusión –comenta con voz apenas perceptible el facultativo–, pero no sé si su organismo lo resistirá.

Al instante, Tony se adelanta.

–Quiero que me saque sangre a mí –le dice decidido, mientras se arremanga la camisa.

–Tú ya le diste la última vez –objeta el médico.

–No importa, doctor. Ella ha sido un ángel con nosotros y es lo menos que merece.

El médico niega con la cabeza y comienza a preparar el instrumental necesario para la transfusión.

–Voy a necesitar bastante sangre y a ti no te puedo sacar.

–Entonces le doy yo –Marta se acerca a la cama y se dispone a ayudar a su amiga que tanto hizo por ella y en ese momento está agonizando.

Don Pedro, Blanca y Juancito, se han retirado a un costado de la habitación. Mientras observan los preparativos, lloran en silencio su desesperación. Sus corazones se unen en un clamor a Dios por la vida de ese ser que supo ganarse un lugar de privilegio en sus corazones.

Mientras tanto Víctor, en la capital, ignora totalmente por lo que está pasando Cecilia. Recorre cada lugar que le aconsejan. En cada uno de ellos la respuesta es la misma: "No hay esperanzas".

Un día, cuando ya sus nervios están llegando al límite, uno de los médicos de la universidad que entrevista, le da una nueva esperanza: en Montevideo hay un profesor que se ha dedicado a estudiar este virus. Quizás él sepa algo nuevo.

Víctor anota el nombre y la dirección. Sin volver al hotel, va al aeropuerto y toma el primer avión para Montevideo.

Cuando llega, el profesor estudia detenidamente el proceso de la enfermedad de Cecilia.

–¿Dónde está esta joven? –pregunta interesado, al cabo de un rato.

–En un pueblo de Córdoba, en Argentina –contesta Víctor anhelante–. Si necesita que la traiga hasta aquí, la traigo…

El médico observa la expresión de dolor en el rostro de Víctor y le pregunta:

–¿Es pariente suyo?

El joven sonríe ampliamente.

–No. Pero quiero que sea mi esposa. Es la mujer que amo, doctor.

–¡Mmmm! Si esta joven vive todavía, es un milagro –murmura entre dientes el médico y anota unos datos en la carpeta.

Al terminar, se la alcanza a Víctor que espera expectante.

–Aquí tiene todo lo que se puede hacer –le indica–. No hace falta que la traiga ya que usted también es médico. Además –agrega–, no creo que esté en condiciones de poder viajar. Espero que llegue a tiempo, para darle este tratamiento.

–¿Se puede curar Cecilia? –la pregunta sale incontenible de los labios de Víctor.

–Eso nadie lo puede asegurar. Es evidente que esta joven está muy débil y quizás no pueda resistir los medicamentos que le indico. Dele pequeñas dosis –al ver el desaliento reflejado en el rostro del joven, agrega–. ¡Ánimo, amigo! No se lo puedo asegurar, pero es posible que reaccione favorablemente ¡Ya son varias personas que se han salvado con este método!

Víctor agradece conmovido y emprende el viaje de regreso. Su corazón salta de alegría. ¡Hay una esperanza para su amor!

Viaja día y noche sin descanso. Cuando llega a Copacabana, no espera que el colectivo se detenga en su parada habitual y pide al chofer que lo deje bajar en el camino.

Desciende y corre hacia la estancia. No pasa por su casa para no demorarse. Sabe que su madre lo detendría con sus preguntas. ¿Cómo estará Cecilia? ¿Se habrá recuperado un poco? ¿Podrá resistir el tratamiento? Las preguntas quedan sin respuesta en su mente. Apresura el paso por el sendero de tierra que lo lleva a la estancia.

Cuando todavía está lejos, divisa algunos autos y bastante gente reunida. Su corazón comienza a palpitar aceleradamente. ¿Qué habrá pasado? ¿Estarán celebrando alguna fiesta? ¿o...? No quiere pensar en algo malo.

Corre hasta la tranquera de entrada y desde allí, distingue de qué se trata: A los pies de la escalinata principal de la casa, se encuentra estacionado un coche fúnebre, donde cargan flores y coronas.

Víctor queda parado, tieso. Sus piernas se niegan a dar un paso más. ¿Ha llegado tarde? "¡Dios mío! ¡No puede ser!".

Unas mujeres, cerca suyo, sin advertir su presencia, lloran y murmuran:

–¡Pobre muchacha! ¡Tan joven que era!

Víctor no necesita escuchar más. Gira sobre sí mismo y emprende una loca carrera. ¿Hacia dónde? ¡Ni él mismo lo sabe!

Corre desesperadamente, sintiendo que un gran frio va penetrando hasta lo más profundo de su ser.

Sin proponérselo, llega a su casa. Abre la puerta de su cuarto y suelta el llanto. Se tira boca abajo en la cama y muerde la almohada con desesperación. Un ahogado grito rompe el silencio de la habitación. Su alma se desgarra. ¡No puede ser verdad! ¡No puede ser verdad! Se repite a cada instante, tratando de borrar de su mente las imágenes que acaba de ver en la estancia. ¿Por qué tuvo que llegar demasiado tarde? ¿Por qué se tuvo que enamorar de ella justamente? ¿Por qué? ¿Por qué?

Siente que esa tarde su corazón se ha hecho mil pedazos. Llora, desesperado hasta que sus ojos se niegan a verter más llanto.

Pasa un buen rato antes que vuelva a tener noción de la realidad. Se levanta lentamente y queda parado, sintiendo que las fuerzas lo han abandonado. ¿Qué será de él ahora? ¿Qué hará sin Cecilia? Nunca la necesitó tanto a su lado. Si ella estuviera ¡qué distinto sería todo! Le hablaría con esa dulzura especial hasta calmar su estado de ánimo: ya fuera nervios, depresión o mal humor, siempre encontraba las palabras justas para calmarlo.

Pero ella ya no está. ¡Se ha ido para siempre! Toma su cabeza con ambas manos:

–¡Qué sólo me dejaste, Cecilia! –murmura con desesperación.

Abre el cajón de su mesa de noche y saca la foto que le tomó a escondidas, sin que ella se diera cuenta. Al introducir su mano, toca algo extraño. Lo toma y al sacarlo se encuentra con un sobre muy limpio, con esta inscripción: "Para Víctor, de Cecilia".

Sus manos comienzan a temblar. ¡No puede ser! ¡Cecilia le ha dejado una carta! ¿Cuándo la escribió? ¿Qué importa eso ahora? Desgarra el sobre y comienza a leer.

"Víctor:

Cuando leas estas palabras, lo más posible es que ya no esté en este mundo. Siento que el Señor me llama a su presencia. Antes que mis fuerzas me abandonen, he querido dejarte mis últimos pensamientos.

Quiero que sepas que, a pesar de mi enfermedad, soy completamente feliz. Sé que me espera un lugar maravilloso donde el Señor Jesucristo preparó una morada de gozo sin igual para mí. Me voy con Él, a gozar del cielo, pero no me voy tranquila, pensando en ti.

Fuiste muy bueno conmigo y he pasado momentos maravillosos trabajando a tu lado. Sé también que tu amor es sincero. Viajaste hasta donde fuera necesario para buscar algo que me pudiera sanar.

¡Gracias, Víctor, por todo lo que hiciste! Pero sabes también que mi vida está en las manos de Dios. Nadie puede hacer algo que no sea su voluntad. La voluntad de Dios para mí, es llevarme a su presencia, pero su voluntad para con todos los hombres es que se arrepientan de sus pecados para recibir la salvación. Esto te lo he repetido muchas veces, Víctor, pero no puedo irme sin volvértelo a decir: Dios te ama y desea que seas salvo.

He rogado al Señor que me dé las palabras que estás necesitando, pero no sé qué repetir de lo que ya sabes. Te lo he dicho muchas veces y te lo repito ahora. Tienes que arreglar tus cuentas con Dios. Él, no solamente existe, aunque hasta ahora te resistes a aceptarlo, sino que te ama por sobre todas las cosas.

Muchas veces me dijiste que eso era fácil decirlo, pero difícil comprobarlo. Tú también me dijiste que me amabas y aunque yo no te creí al principio, me lo demostraste al viajar, sin reparos, no sé hacia dónde, para buscar algo que me llegue a curar. Fue tu amor por mí que hiciste eso y no dudo que, si hubieras podido hacer algo más, también lo hubieras hecho.

Víctor, quiero que pienses en esto: si tú, siendo un ser humano, lleno de imperfecciones, eres capaz de amar de esa manera, cuánto más Dios, que es todo perfección, te pudo amar de tal manera que se desprendió de su único Hijo, a quien tanto amaba, para enviarlo a tomar tu lugar de castigo en la cruz del Calvario. Él te amó tanto que prefirió condenar a su Hijo, con tal de salvarte. ¿Te das cuenta que todo lo hizo para demostrarte su amor?

¡Oh, Víctor! Ya me faltan fuerzas, pero te ruego por lo que más quieras: Acepta al Señor, acepta su amor. Cambiará tu vida, te ayudará, te dará la paz que necesitas, las fuer...

Se detiene en la lectura. Los ojos se le han nublado de tal manera que no puede seguir leyendo. Cecilia le ha hablado del gran amor de Dios. Pero, ¡cómo puede amarlo y a la vez llevarse al ser que él más ama en ese momento! ¡No puede creer! ¡No puede!

Siente que todo su ser se revela. ¡No quiere pensar! ¡No puede razonar! ¡Es demasiado grande su dolor! Un gran vacío se va apoderando de él. Necesita huir de la realidad, o se volverá loco.

Se levanta y se dirige al bar de la casa. Se sirve una copa y la toma sin sentirle el gusto. Luego toma otra, y otra y otra más, hasta que ya no puede razonar.

Cuando vuelve su madre del cementerio, lo encuentra tirado sobre el sillón, totalmente borracho.

–¡Hijo! ¿Cuándo llegaste? –le pregunta, tratando de despertarlo. Cuando observa todas las botellas a su alrededor, se da cuenta que será inútil tratar de hacerlo. Lo acomoda lo mejor que puede en el sofá y cae de rodillas.

"Padre celestial, clama desde lo más íntimo de su ser, ¡Ayuda a mi hijo! ¡Ayúdalo a soportar este nuevo dolor! ¡Por favor, Señor, líbralo de ese tremendo vicio que lo domina!".

CAPÍTULO XIV

Un milagro inesperado

Al día siguiente. María se levanta temprano. Va hasta a cocina y prepara un café bien cargado. Cuando llega donde dejó a su hijo, lo encuentra tirado en el sillón, en la misma posición que lo encontró la noche anterior.

–Víctor, despierta –la mujer logra que se dé vuelta y a duras penas le hace beber un poco de café.

Poco a poco, Víctor se va enderezando. Siente un tremendo dolor de cabeza y puntadas en todo su cuerpo. Termina de tomar el café y su madre lo ayuda a levantarse.

–Tienes que recuperarte. En seguida comenzarán a llegar los pacientes. Alguien te vio bajar ayer del colectivo y seguramente hoy se llenará el consultorio.

Víctor mira a su madre a través del espejo del baño, donde ha sido conducido.

–¿Y el doctor Saldívar no estuvo en mi ausencia? –pregunta extrañado, mientras observa su rostro reflejado en el espejo. Tiene los ojos hinchados y la mirada vidriosa.

–El doctor Saldívar tuvo que volver a la capital hace más de una semana –explica su madre, alcanzándole una toalla–. Tienes que hacerte cargo nuevamente de tus obligaciones.

–No sé si podré –murmura el joven, mientras se seca la cara–. ¡Quisiera haber muerto antes de llegar aquí!

–¿Querías mucho a esa muchacha, verdad? –pregunta su madre compungida.

–Soñaba con hacerla mi esposa, mamá. ¿Eso contesta tu pregunta?

La madre asiente en silencio y lo ayuda a terminar de cambiarse. Ni bien se encuentra más o menos en condiciones, comienzan a pasar los pacientes.

Víctor los atiende, casi mecánicamente. Su mente no razona con libertad; el alcohol y el dolor nublan sus sentidos.

Cuando ya es casi mediodía, va hasta el bar y se sirve otra copa.

–¡Por favor, hijo! ¡Eso te hace mucho daño! –le regaña María, que lo ha seguido, calculando lo que iba a hacer.

–¡Déjame, mamá! ¡Es lo único que me trae un poco de consuelo!

Esa noche vuelve a la taberna. A pedido de Cecilia, hace bastante tiempo que no visitaba. Se emborracha nuevamente.

Los días siguientes nada cambia. Casi al amanecer, sus amigos lo arrastran hasta su casa.

María, llora de impotencia. Lo desviste y acuesta, como lo ha hecho tantas veces y se va a dormir a su propio cuarto.

–¿Hasta cuándo será esto? –se pregunta constantemente– ¡Oh, Señor! ¡Ayuda a mi hijo!

Una mañana, apenas logra conciliar el sueño, siente unos fuertes golpes en la puerta. Se pone una bata de cama y al ir a abrir, comprueba que los golpes también despertaron a su hijo.

–Lávate un poco la cara para despejarte –le dice asomándose al dormitorio–, seguramente traen un enfermo grave.

A pesar del vicio que lo domina, Víctor es consciente de la responsabilidad que tiene a su cargo. Con gran esfuerzo se levanta y va hasta el baño. Como la puerta está entreabierta, alcanza a escuchar la voz del recién llegado. Le parece que es Tony, el hermano de Marta.

Termina de secarse el rostro y se dirige a la sala de espera donde su madre conversa con el muchacho.

–Cuando nos enteramos que Víctor había llegado, me mandaron urgente que lo busque–Tony ve aparecer al médico por la otra puerta y se llega con el rostro anhelante– Tiene que venir conmigo a la estancia, doctor.

–¿Quién está enfermo? –pregunta el médico, mientras va a buscar su maletín al consultorio.

–Es la niña Cecilia. Se puso mal de nuevo y seguramente tendrá que hac…

–¿Qué has dicho, Tony? –la pregunta sale como un grito de su garganta. Viene de un solo paso hasta donde está el muchacho y lo levanta por los hombros– ¿Has dicho que Cecilia está mal?

Tony no entiende la actitud del médico y lo mira asustado:

–Sí –balbucea atemorizado–. La niña Cecilia se puso mal de nuevo… Seguramente estos días que estuvo cuidando a Marta la debilitaron nuevamente, y ahora… –no puede seguir hablando porque Víctor lo aprieta contra su pecho y no lo deja respirar. Cuando logra zafarse del abrazo, lo mira, incrédulo– ¿Qué le pasa, doctor? ¿Se ha vuelto loco?

–¡Oh, Tony! –exclama Víctor en un sollozo– ¡No podrías entender lo que me pasa! –recobra la noción del tiempo y pregunta:

–Entonces, ¿a quién enterraron hace unos días en la estancia?

Tony levanta la cabeza y sus ojos se llenan de lágrimas.

–A mi hermana, doctor. La atropelló el tractor de papá cuando fue a sacar a Danielito.

–El chiquito estaba jugando frente a los galpones –continúa explicando María, viendo que Tony no puede seguir hablando–. Don Antonio no vio al niñito y María corrió a sacarlo… Pero no pudo evitar que la rueda del tractor la apretara a ella.

–Sobrevivió tres días –continúa Tony llorando–, pero tenía derrames internos y golpes en todo el cuerpo. Como no estaba el doctor Saldívar, quisimos llevarla a la ciudad, pero Cecilia nos dijo que si la movíamos no sobreviviría. Ella no se movió del lado de mi hermana hasta que… –se detiene un momento para tomar aliento– Creo que por eso Cecilia se ha vuelto a debilitar y ahora –no necesita seguir hablando. Víctor desaparece en el consultorio y al momento reaparece con su maletín.

–Lleve equipo para hacer una transfusión –le grita Tony, tratando de alcanzarlo. Ya en la puerta, añade–. Aquí tengo mi caballo, doctor…

Suben ambos al animal y a galope tendido, llegan a la estancia.

Sin saludar a nadie, Víctor sube las escaleras corriendo. Saca el instrumental y, con mucho esfuerzo, prepara la jeringa. Cuando quiere inyectarla, el temblor de sus manos, le impide localizar una vena.

En ese momento vienen a su memoria las palabras que Cecilia le repitió varias veces: "En cualquier momento puedes tener una vida que dependa que tus manos estén firmes y no podrás ayudarla".

¡Qué verdad es eso ahora! ¡Y precisamente con ella tuvo que experimentarlo! ¡Dios mío! ¡Tengo que poder! Vuelve a intentarlo, tomando la jeringa con ambas manos. Al momento la desecha. Se da cuenta que será imposible encontrar una vena en esas condiciones.

¿Por qué bebió tanto? ¿Por qué no se dio cuenta de su terrible confusión? ¿Por qué no entró aquella tarde a la estancia para averiguar quién había muerto? ¡Para qué hacerse preguntas inútiles! ¡Es demasiado tarde para lamentarse!

Se levanta y va hasta la ventana, abriéndola de par en par. Quizás si toma aire fresco, pueda recuperar el dominio de sus manos.

—Deberá hacerle una flebotomía —la voz de Juancito, a sus espaldas, lo sobresalta.

—¡Mira mis manos! —exclama Víctor con desesperación— ¿Crees que podré guiar el bisturí para canalizar su vena? ¡No, Juan! ¡Es imposible!

—Tiene que poder —el niño lo mira con angustia—. Si no lo hace, la niña se va a morir.

Al escuchar esa palabra, Víctor se estremece. ¡No! ¡No puede ser! Ahora que la ha recuperado, no puede volver a perderla. Mira con desesperación el temblor de sus manos y se muerde los puños, impotente.

Juancito lo sigue observando un rato. Luego, muy calmadamente, murmura:

—Venga conmigo. Yo sé quién puede ayudarlo —toma la mano de Víctor, que lo mira sin entender y lo lleva hasta el cuarto contiguo.

Llega a la orilla de la cama, se arrodilla e invita al médico que haga lo mismo.

Víctor obedece, mecánicamente

–¿Qué vas a hacer? –le pregunta, sin entender la actitud del muchacho.

Él le indica que haga silencio y juntando sus manitos, cierra sus ojos.

–Padre Celestial –murmura con voz firme–, Tú sabes que, en este momento, la niña Cecilia necesita que le hagan una transfusión. Pero el médico que la asiste, no puede ayudarla, porque sus manos tiemblan. Te pido, Señor, que detengas el temblor de sus manos. Cecilia me enseñó que su vida está en tus manos. Ahora te pido que guíes las manos del doctor Roldán para salvarla. En el nombre de Cristo. Amén.

Abriendo sus ojos, mira al médico y le dice:

–Ahora pídale usted a Dios que lo ayude.

Víctor, sumamente turbado ante la fe de aquel niño de apenas 8 años, en lo más íntimo de su ser, se da cuenta que, en ese momento, necesita como nunca de una ayuda superior. Inclina el rostro en señal de reverencia y balbucea:

–¡Dios mío! ¡Ayúdame! Hasta ahora nunca invoqué tu nombre. Reconozco que viví olvidado de tu existencia –se detiene indeciso y agrega –, pero ahora te necesito más que nunca. ¡Ayúdame a salvar a Cecilia! ¡Te lo ruego!

Queda en silencio. Juancito se levanta y exclama sonriente:

–Ahora vaya y ¡salve a la niña Cecilia!

Víctor mira sus manos y no puede creer que vuelvan a estar firmes. Queda un momento asustado. No se anima a creer lo que está viendo hasta que siente un pequeño empujón en sus espaldas que lo hace reaccionar. Vuelve a la habitación de Cecilia y se dedica a atenderla.

CAPÍTULO XV

Inmenso amor

Víctor termina de colocar el equipo de sangre y se queda sentado en la cama de Cecilia, esperando ansioso su reacción. Le ha colocado también la primera dosis que le aconsejó el médico uruguayo y debe controlar que su organismo lo soporte.

Mira aquel pálido rostro tan querido. Se asombra ante su total serenidad. ¿Es posible que esté al borde de la muerte y no demuestre ningún temor? Él ha visto a muchos de sus pacientes pasar por ese momento con desesperación. Algunos inclusive, han dificultado sus acciones, sintiendo terror al ver acercarse el fin de sus vidas. En cambio, Cecilia descansa con una tranquilidad asombrosa.

¿Será cierto que existe un ser supremo que la sostiene? ¿Acaso no acaba de comprobar él mismo que sus manos dejaron de temblar, con solamente elevar una oración?

Vuelve a mirar sus manos y comprueba que el temblor ha vuelto a ellas. ¿Qué pasó entonces? ¿Será realmente un milagro? No. Es imposible. Él no cree en los milagros, ni tampoco que Dios exista realmente. Entonces, ¿por qué invoca su nombre constantemente? y ¿qué ha pasado con sus manos? ¿Fue la desesperación de ver morir a la mujer que ama? No. Él sabe mejor que nadie que la flebotomía que tuvo que hacerle a Cecilia hubiera sido imposible en su estado habitual del último tiempo.

Entonces, ¿qué le ha pasado? ¡Dios mío! ¡No puede ser verdad! No puede ser que sus convicciones se vengan al suelo. Instintivamente se lleva las manos a la cabeza y golpea sus sienes. ¡No quiere seguir pensando! ¡Se niega a aceptar la realidad!

Cecilia, que ha logrado salir del sopor, alcanza a abrir levemente sus ojos y le parece ver en la penumbra a Víctor a su lado, ¿será él realmente? ¿Ya volvió?

Hace un esfuerzo y termina de abrir los ojos. Sí. No hay duda ¡Es él! Intenta hablarle, pero no salen palabras de su boca. Pero ¿qué le pasa? ¿Por qué se golpea las sienes de esa manera? Vuelve a cerrar sus ojos y tomando aliento, alcanza a balbucear:

–¿Qué… te… pasa… Víc… tor?

El médico, al oír la voz de la joven, vuelve de sus cavilaciones.

–¡Cecilia! ¡Reaccionaste! –exclama con inmensa alegría.

Ella abre nuevamente sus ojos y le sonríe levemente.

–¿Cuándo lle… gaste?

Hace unos días.

–¿Y por qué… no viniste a… verme? –la joven trata de recuperarse un poco.

Víctor la detiene:

–No te agites, por favor –le pide con voz dulcísima–. Te puede hacer mal. Después te contaré por qué no vine a verte en estos días… Ahora trata de descansar.

Ella asiente con un leve movimiento de cabeza y vuelve a cerrar los ojos.

Víctor toma la blanca mano de la joven entre las suyas y besa uno a uno sus dedos.

¡Ha reaccionado! ¡Dios mío! ¿Habrá esperanzas que se cure? Pero… ¿por qué invoca nuevamente el nombre de Dios? ¿Acaso está empezando a creer en Él? No termina de entender lo que le está pasando. En ese momento vuelven a su mente las palabras que Cecilia le escribió, pensando que no lo volvería a ver. ¿Será posible que Dios lo ame? ¿Acaso no le devolvió la vida de Cecilia? Levanta la vista y sus ojos chocan con las palabras que hay escritas en un cuadro a la cabecera de la cama: "Cuando miro los cielos, obra de tus manos, la luna y las estrellas que tú formaste… Digo: ¿qué es el hombre para que tengas de él memoria? ¿O el hijo del hombre que lo visites?".

Lee una y otra vez esas palabras. ¡Cuántas veces Cecilia trató de explicarle! ¿Por qué hasta ahora no le había importado meditarlo? ¿Será porque realmente se da cuenta que en esos momentos necesita más que nunca creer en algo? ¿Y qué mejor que pensar que es cierto lo que ella le ha dicho?

En ese momento, la joven vuelve a abrir sus ojos y le sonríe.

–¿Te sientes mejor? –le pregunta, acariciando su frente mojada.

–Sí… Ya comienzo a sentir el calor de la sangre que corre por mis venas.

Víctor, que todavía sostiene la mano de la joven entre las suyas, la aprieta levemente y se la lleva a los labios.

–¡Mi amor! ¡Cuánto sufrí pensando que había llegado demasiado tarde! –exclama con voz apasionada. La mirada le dice lo que siente su corazón.

Ella no puede aguantar esa mirada. Desvía la vista y se da

cuenta que las manos de Víctor vuelven a temblar.

–¿Volviste a beber? –le pregunta en tono de suave reproche.

Él baja la vista, avergonzado. No contesta nada. Luego de un prolongado silencio, mira a Cecilia nuevamente.

–Cuando creí que te había perdido para siempre, no pude soportarlo –se disculpa–. Volví a la bebida para escaparme de la realidad.

Cecilia se enternece al verlo tan abatido e intenta reanimarlo.

–Víctor. Entrega tu vida a Cristo. Él es el único que puede llenar ese vacío que sientes en tu interior y transformarte en un ser útil y digno de tu profesión. Hasta ahora te has aferrado a la bebida para escapar de una realidad que te agobia. Cuando se derrumba ese esperanza que tienes, vuelves a sentirte impotente y sin deseos de vivir. ¿Por qué no permites que Dios cambie tu vida y la utilice para tu bien y el de los que te rodean?

El joven la mira, admirándola. ¿Cómo puede ser que ese ser, que, hasta hace un momento estuvo al borde de la muerte, lo aliente a él, que está lleno de vida? Reconoce que ella posee algo superior que la alienta y consuela en todo momento.

–Ahora duerme, por favor –le pide con voz dulce. Se da cuenta el esfuerzo que hace para hablar y cuánto se agita–. Cuando te recuperes seguiremos charlando.

Ella asiente con una sonrisa y vuelve a cerrar sus ojos.

Cuando Víctor comprueba que respira normalmente y que sus pulsaciones ya son normales. Se levanta, tratando de no despertarla y se dirige al gran ventanal que hay en una de las paredes laterales de la habitación. Apoya su frente en el vidrio y mira, con ojos cansados, el paisaje a su alrededor.

Hace ya bastante tiempo que ha amanecido, pero todavía está muy oscuro. Negros nubarrones cubren el sol. ¿Irá a llover? ¡Ojalá! ¡Buena falta les hace a los campos!

Contempla los árboles que se mecen con el viento. Vuelve a su memoria alguna de las conversaciones que tuvo con Cecilia. Ella le habló de la maravilla de la creación: "las plantas exhalan oxígeno y reciben anhídrido carbónico y los hombres y los animales necesitan el oxígeno para subsistir". ¿Quién podría haber creado algo tan perfecto? Él es médico y conoce la perfección de la anatomía del cuerpo humano. ¿Cómo dudar que existe un ser superior que hizo algo tan perfecto?

Mientras sigue meditando, comienza a llover. ¡Qué hermosa le resulta la lluvia! Observa las gotas que chocan contra el vidrio y caen, formando un surco. ¿Cuántas veces vio llover y no se detuvo a admirarla? Reconoce que no lo ha hecho hasta ahora. Vivió tan absorbido por su profesión. Llenaba sus horas libres en la bebida, que lo aliviaba momentáneamente para luego dejarlo peor que antes.

Pero entonces. ¡Dios existe! ¡Es evidente que existe! Siempre lo sintió, pero prefirió vivir al margen de Él para no pensar que también tiene un alma que vivirá después de la muerte. ¿Será como le ha dicho Cecilia, que podemos elegir aquí en la tierra, entre el cielo o el infierno?. Al pensar en esto, siente un escalofrío que recorre todo su cuerpo. Su corazón late aceleradamente. ¿Qué le pasa?

Se da vuelta y camina hasta el borde de la cama de Cecilia. ¡Cuánto daría para que despertara y le volviera a hablar del amor de Dios! ¿Cómo pudo ser tan necio y no oír lo que ella le explicaba?

Toma su delicada mano entre las suyas. "Mi amor, ¡Debes vivir! ¿Quién sino tú, con tu paciencia, podrás explicarme el camino que debo seguir?".

Cecilia, al sentir el calor de la mano masculina, se despierta y abre sus ojos.

–¿Qué sucede, Víctor? –una sola mirada le basta para darse cuenta de la ansiedad que refleja el rostro del joven.

–¡Cecilia! –exclama Víctor acariciándola– No sé qué me pasa. Tengo la sensación de estar caminando a oscuras. Sin saber a dónde voy. ¡Háblame de Dios, te lo ruego!

La joven no puede creer lo que acaba de oír. ¿Será posible que sea el mismo Víctor que la escuchaba con total indiferencia?

Sí. No hay duda. No sabe qué ha sucedido, pero no importa. Eleva su corazón al Señor, pidiéndole sabiduría para explicarle el camino de Salvación con la mayor sencillez posible:

–Víctor –comienza a decir Cecilia, con voz suave, pero firme, que tantas veces lo dejaron perplejo–. Dios, además de ser el Creador de todas las cosas, es un Ser tan perfecto que no admite el pecado. La Biblia dice que "todos hemos pecado" y por lo tanto no podemos ir a su presencia. ¿Reconoces que eres pecador?

–Sí. Por primera vez siento el peso de mi vida inútil. Siento que he ofendido a ese ser tan perfecto del que siempre me hablaste.

–Eso es la obra del Espíritu Santo en tu corazón, pero Dios, a pesar de ser tan Santo y Perfecto, es también un Dios lleno de amor. Él nos ha amado de tal manera, que ha entregado su Hijo por nosotros.

–Pero, ¿qué debo hacer yo ahora? –la pegunta de Víctor tiene vibraciones de angustia– ¿Quién puede librarme de esta vida inútil?

–Dios mismo –afirma Cecilia con una sonrisa en sus labios–. La Biblia dice que "todos nosotros nos descarriamos como ovejas, cada cual se apartó por su camino. Pero Dios cargó en Él, en su Hijo, el pecado de todos nosotros". ¿Te das cuenta? El Señor, aunque era sin pecado, se "hizo pecado" para salvarnos. Dios, en su justicia, demandaba que alguien, pagara el precio por el pecado y Jesucristo, en la cruz, entregó su vida para saldar esa deuda que Dios demandaba. Ahora, lo único que pide es que aceptemos esa maravillosa verdad: Él es el único que puede salvarnos.

–Pero, ¿Cómo puedo recibir esa salvación?

–¡Dios te está hablando! Si oyes hoy su voz, no endurezcas tu corazón –Cecilia advierte que Víctor ha comenzado a temblar–. Dios te dice que "si confesares con tu boca que Jesús es el Señor y creyeres en tu corazón que Dios le levantó de los muertos, serás salvo". ¿Crees esto?

–¡Oh, sí! ¡Creo! –la exclamación sale como un grito desde lo más profundo de su ser. Cae de rodillas al lado de la cama y comienza a llorar como un niño. ¡Por fin ha entendido el gran amor de Dios hacia él!

–Señor. Perdóname. Perdona mi vida de olvido de ti. Perdona mi necedad al no reconocer tu existencia. Límpiame de mis pecados y ¡sálvame! Entra en mi vida y cámbiame para que pueda ser una persona distinta. Que vuelva a ser útil a los demás. ¡Ayúdame, Señor!

Después de estas exclamaciones, queda un momento en silencio. Siente una dulce paz que va inundando su ser. ¡Es hermoso sentir que está limpio! Se siente fuerte y capaz de soportar todo. ¡El amor de Dios lo ha alcanzado!

De repente, recuerda que está al lado de la cama de Cecilia, y que ella está enferma.

–¡Mi amor! –exclama, mientras se levanta– Por un momento olvidé que estabas conmigo –la observa mejor y pregunta–. ¿Qué te pasa? ¿Por qué lloras?

Ella lo mira a través de las lágrimas.

–Mi llanto es de alegría, Víctor –le dice con voz entrecortada–. Soy feliz ¡Inmensamente feliz!

–Cecilia –balbucea el joven y la abraza contra su pecho, mientras murmura a su oído todas las palabras que brotan de lo íntimo de su corazón–, te amo. Te amo. Te necesito. Quiero que seas mi esposa –en toda su euforia se ha olvidado que ella todavía tiene el equipo de sangre. Al apretarla más contra su pecho, sus manos tocan el frío material. Vuelve a la realidad y exclama compungido–. ¡Oh, mi amor! ¡Perdóname! Por un momento me olvidé por completo que estás enferma.

Ella, aunque dolorida, le sonríe feliz.

No importa… Yo también lo había olvidado.

Epílogo

Ha pasado un año. Cecilia se ha recuperado totalmente, gracias al tratamiento del médico uruguayo.

Víctor ha dejado totalmente la bebida y se dedica por completo a su profesión, ganando el afecto y respeto de todo el pueblo.

María ha trabado gran amistad con Blanca y a sugerencia de Cecilia han iniciado una reunión femenina a la que luego se ha agregado una clase para niños en el gran comedor de la estancia.

También don Pedro y Víctor se reúnen una vez por semana para estudiar la Palabra de Dios preparándose para predicar el evangelio. De esta manera, a un año de sus conversiones han ganado almas para Cristo.

Víctor y Cecilia siguen juntos, llevando alivio y consuelo a cuántos lo necesitan. Su amor crece cada día más.

En este día sábado del mes de diciembre, han decidido unir sus vidas, ante Dios y los hombres.

La ceremonia del Registro Civil ha sido muy sencilla y ahora, en la estancia se dedican a preparar la reunión que se celebrará esta noche.

Blanca y María, con algunas mujeres más, se encuentran en la cocina, preparando los ricos manjares que servirán después de la ceremonia. Tony y don Pedro se encuentran abocados a la tarea de ordenar y adornar la gran sala donde se celebrará la reunión para pedir la bendición del Señor sobre la vida de la joven y tan querida pareja.

En toda la estancia se respira aire de fiesta. Cada tarea se realiza con amor. En todo el ambiente flotan risas y bromas.

Una sola persona no puede compartir esta alegría y se retira, sin que lo adviertan hacia los galpones. Es Antonio. Desde hace más de un año que lleva un peso tan grande dentro suyo, que parece un autómata. Los que habitan la estancia, al comprobar su desdicha, se ofrecen para ayudarlo, pero él rechaza toda ayuda.

Llega este día y ya no puede más. Cada felicitación a la feliz pareja, ha sido una puñalada para él. No olvida que pudiera ser su hija la que se casara en este día con Víctor. Siente rencor, resentimiento, amargura, dolor, pero más que nada, vergüenza. La vergüenza de pensar que todos en el pueblo, lo culpan de la muerte de Marta. Ese día se siente el centro de las miradas. Ha decidido no asistir a la fiesta de esta noche.

Llega hasta los galpones y se sienta en unas bolsas de cereales. Allí, sólo con su conciencia, comienza a llorar. El recuerdo de Marta lo tortura. No sólo causó por el accidente que le provocó la muerte, sino por no haberla perdonado. Se siente miserable, sin aliento para seguir viviendo.

–¡Oh, Dios mío! ¡No puedo más! ¡Esto es un infierno para mí! –grita, impotente, creyendo que se encuentra sólo en aquel lugar.

Pero hay dos pares de ojitos que lo están observando. Su hijo menor y Danielito estaban en el galpón, buscando una mercadería que les habían pedido las cocineras. Cuando él entró, se escondieron para no ser vistos, pensando que los podría reprender. Han escuchado aquel grito desgarrador.

Juancito, aún en su corta edad, se da cuenta por lo que está pasando su padre y siente lástima por él.

–Daniel –ordena a su sobrino en voz muy baja–. Anda a buscar a la niña Cecilia.

El niño lo mira, completamente extrañado. Juancito le hace señas que lo obedezca.

Danielito sale furtivamente del galpón y corre hacia el dormitorio de Cecilia. Sube las escaleras en "cuatro patas". Los peldaños son muy grandes para sus cortas piernitas. Golpea tímidamente la puerta del dormitorio.

Cecilia deja la aguja con que está haciendo los últimos retoques a su traje de novia y va a abrir:

–¿Qué pasa, Danielito? ¿Te hace falta algo? –le pregunta levantándolo en sus brazos.

–Me manda Juancito, tía. Dice que vayas a los galpones.

–¿Para qué?

–No sé, tía Cecilia. Estábamos buscando harina para llevarle a la abuelita Blanca, cuando entró don Antonio y se puso a llorar. Juancito me hizo esconder y después me mandó que te buscara.

A Cecilia no le hace falta más. Se da cuenta que ha llegado el momento de ayudar a Antonio. Ella ha orado mucho por él, intuyendo lo que le pasaba, pero hasta ahora, había una tremenda barrera que no se podía flanquear.

Con el niño en brazos, Cecilia se dirige rápidamente hacia el galpón. Al llegar, una sola mirada le basta para darse cuenta el tremendo conflicto que está viviendo aquel duro campesino.

Deja en el suelo a Danielito, que corre a esconderse al lado de Juancito. Se dirige hasta donde está don Antonio que sigue llorando sin consuelo. Le apoya una mano en el hombro y se sienta a su lado.

El hombre se sorprende y procura escaparse, como un chico descubierto en una falta. Cecilia lo detiene.

–Por favor, don Antonio. Quiero ayudarlo –la voz de la joven es tan suave, tan dulce, que lo desarman por completo.

–¡Oh, niña Cecilia! ¡No puedo más! –el rostro del hombre está mojado por las lágrimas– ¡El recuerdo de Marta me tortura!

–Ya lo sé, don Antonio. Por eso quiero decirle que Marta lo perdonó. Ella me lo repitió varias veces antes de morir: "Dile a papá que lo perdono. Que no se sienta culpable. Solamente quiero que vuelva a ser el de antes, que vuelva al Señor".

–¿Eso le dijo mi hija? –don Antonio no puede creer lo que ha oído.

–Sí… y me lo repitió varias veces. Usted sabe muy bien que yo no le miento. Y menos sobre la memoria de Marta, a quién tanto quise.

–¡Oh, sí, Cecilia! ¡Perdóneme! –don Antonio baja la vista, avergonzado– Pero no puedo creer que mi hija me haya perdonado. ¡Fueron muchas las maldades que le hice! Le pegué, la encerré, la eché y… ¡la maté! ¡Sí! ¡Yo la maté! –se toma el rostro con ambas manos y llora desconsolado.

–Antonio –Cecilia le habla con voz suave, pero firme–. Usted sabe muy bien que eso no es cierto. La muerte de Marta fue un accidente. ¡Un terrible accidente! Pero le podría haber pasado a cualquiera. Yo sé que no es eso lo que más lo atormenta, sino haberle negado su perdón hasta último momento. ¿No es así?

El hombre baja las manos y la mira, impotente. Afirma apenas con un leve movimiento de cabeza.

Cecilia continúa:

–Por Marta usted no debe preocuparse. Ella era hija de Dios, así que estoy segura que ahora está en el cielo, gozando del lugar que Cristo fue a preparar para ella. Pero usted no puede seguir viviendo así. Debe pedirle perdón al Señor, para que vuelva a tener paz.

–Dios no puede perdonarme lo que hice –la voz de don Antonio suena escéptica–. Para mí fue muy fácil recibir a Cristo como mi Salvador. Pero después seguí viviendo a mi manera. Siempre puse primero el nombre de "Antonio Zalazar" ante cualquiera. Por eso no pude soportar la falta de mi hija. Ella había manchado "mi nombre". Ahora todos me señalarían. Se burlarían. Y eso para mí era mucho más importante que comprenderla o perdonarla. ¡Y era mi hija, niña Cecilia!¡Mi propia hija! –se vuelve hacia la joven– ¿Se da cuenta? ¿Cómo puedo pedirle perdón a Dios ahora? –la pregunta sale como un grito de su garganta.

Cecilia lo mira, y sin inmutarse, le contesta:

–No hay pecado que la sangre de Cristo no haya pagado ya. Solamente es necesario que usted se arrepienta y lo confiese. Dios le promete que lo perdonará.

–¿Es posible? ¿Es posible que Dios me perdone, a pesar de todo?

–¡Por supuesto que sí! ¿Usted cree que la vida de Cristo no es suficiente precio para que Dios lo perdone?

Don Antonio comprende por fin aquella realidad. ¡Todavía hay esperanza para él! ¡Dios puede perdonarlo! Y no solamente puede. ¡Lo desea! Abrumado ante el gran amor de Dios, cae de rodillas, arrepentido, implorando el perdón. Su alma se derrama ante la presencia divina, mientras su cuerpo se convulsiona por el llanto.

Cecilia observa emocionada aquella escena. Le parece increíble ver aquel rudo campesino, convertido en un niño que confiesa sus faltas. "¡Gracias, Dios mío, gracias!", murmura conmovida.

Los niños salen de su escondite y se acercan tímidamente hasta donde se encuentra arrodillado don Antonio. El hombre los ve y abre sus brazos para apretarlos contra su pecho. ¡Por fin se siente liberado para demostrarles todo el cariño que les tiene! Danielito, en su sencillez de pequeño, rodea con sus bracitos el cuello de su abuelo y le cubre el rostro con sus besos.

Cecilia se retira despacio del lugar. Quiere dejarlos solos con sus sentimientos. Sabe que don Antonio tendrá mucho que decirles a su hijo y a su nieto. No quiere ser obstáculo para las confesiones.

Mientras camina hacia su dormitorio, siente que en su pecho ya no cabe tanta felicidad. El Señor sabía que era lo único que todavía faltaba, para sentirse completamente dichosa. Ahora su corazón estalla de alegría. Llega al lado de su cama y se arrodilla para alabar al Señor. Siente una necesidad tremenda de hacerlo ante tantas bendiciones que Él le ha dado.

Llega la noche y el salón se llena de gente de los alrededores que han venido a presenciar la ceremonia.

Doña Blanca se halla sentada en el piano, dispuesta a tocar la marcha nupcial. Cuando mira hacia la puerta, ve aparecer a su esposo, con Danielito en brazos. Su corazón se estremece de emoción al ver el cambio tan grande en la expresión del rostro de Antonio. ¡Es increíble verlo tan feliz! ¡Por fin vuelve a ser aquel Antonio que ella tanto amó!

A la hora justa, entra Víctor del brazo de María. Se dirige hasta la plataforma que Tony ha improvisado, al fondo del salón. Un predicador de Buenos Aires ha sido invitado especialmente para esta ocasión.

Un momento después aparece la blanca figura de Cecilia

del brazo de su padre. Se escucha la marcha nupcial. Toda la concurrencia de pie, observa emocionada su lento avance por la alfombra roja, bordeada de azahares.

Cecilia se apoya fuertemente en el brazo de su padre. Tiene temor de despertar de ese sueño. ¡Es una hermosa realidad! Mira a Víctor que avanza hacia ella y sus pies la llevan a él como flotando entre nubes. Toma la mano que le extiende. Siente el calor a través de su piel y todo su cuerpo se estremece. Tiene la sensación que su pecho va a estallar de un momento a otro.

–¡Estás preciosa, mi amor! –murmura Víctor a sus oídos y juntos en cuerpo y alma, se disponen a recibir la bendición del Señor para sus vidas.

En un paréntesis de la fiesta, Víctor lleva a su esposa hasta un rincón del jardín. Antes que ella pueda reaccionar, la abraza y besa con todo el amor que desborda de su corazón.

Cecilia se abandona en aquellos fuertes brazos que la sostienen. Sus corazones palpitan al unísono.

–¡Mi amor! –exclama Víctor en un susurro– Pensar que hace un año, creí que te había perdido para siempre. ¡Y ahora eres mi esposa! ¡Mi mujer para toda la vida!

–Hasta que la muerte nos separe –ella lo mira con una ternura infinita.

–No hables de la muerte en estos momentos –le reprocha su esposo dulcemente–. No podré olvidar aquella mañana que te tenía ante mí y casi pierdo tu vida por el temblor de mis manos.

Ella recuesta su cabeza en el pecho de su amado.

–Toda mi vida pensé que esta felicidad estaba negada para mí. Y ahora que puedo vivirla, no sé cómo expresar mi agradecimiento al Señor por tanta felicidad.

–Tu vida estaba en las manos de Dios –Víctor acaricia suavemente la cabeza apoyada en su pecho–. ¡Cuántas veces me lo repetiste!

Cecilia se separa un poco:

–Y ahora está en tus manos, mi amor. Gracias al Señor, ya dejaron de temblar para siempre.

Víctor abraza a su esposa que se abandona sin recelos en sus brazos.

Todas las flores del jardín exhalan sus mejores perfumes, acompañando la felicidad de la joven pareja.

Palabras finales de la autora

Al finalizar la lectura de este libro, quiero dejar para ti una breve reflexión: Dios quiere hablarte por medio de su Palabra y si te has sentido identificado con alguno de estos personajes, no es una casualidad, sino la voz de Dios hablando a tu corazón. No la desoigas.

Si eres un joven o una joven creyente, como Cecilia, recuerda que por más que tengas que pasar por el "valle de sombra de muerte", el Señor te dice que no tengas temor porque Él estará contigo.

Si, al igual que Marta, has cometido un grave pecado y crees que Dios ya no puede perdonarte, piensa que lo único que Él te pide es que lo confieses y te apartes, para alcanzar misericordia (Proverbios 28:13).

Sí, como doña María, estás confiando en alguna imagen, persona, amuleto, etc. Cualquier cosa que no sea el mismo Señor Jesucristo, pensando que ellos te pueden llevar a la presencia de Dios, reflexiona sobre este versículo de la Biblia: "Porque hay un solo Dios y un SOLO MEDIADOR entre Dios y los hombres: JESUCRISTO Hombre" (1° Timoteo 2:5).

Si, al igual que don Pedro, te sientes orgulloso de lo que posees, creyendo que todo es mérito tuyo, quiero que medites en estas palabras: "Mía es la plata y mío es el oro, dice el Señor" (Hageo 2:8). Dios da riquezas a quién quiere, pero también puede quitar todo en un momento, si no sabes reconocerlo como el Salvador de tu vida. Y, si en su misericordia, Él conserva tus riquezas, quiero dejar contigo las propias palabras del Señor Jesucristo: "¿Qué aprovechará al hombre, si ganare todo el mundo y perdiere su alma?".

Si, como Héctor, estás viviendo a pleno tu juventud, pensando que tienes mucha vida por delante; medita que no eres dueño del día de mañana y "está establecido a los hombres, que mueran una SOLA vez y después de esto, el juicio" (Hebreos 9:27).

Quizás, eres como don Antonio, has recibido a Cristo como tu Salvador, pero no lo has reconocido también como el Señor de tu vida. Quiero que sepas que nunca podrás prosperar de esta manera. Cuando queremos gobernarnos a nosotros mismos, Dios no se opone. Para eso nos dio la voluntad. Pero nunca recibiremos bendiciones de sus manos. Él desea gobernar totalmente nuestra vida, para poder cumplir su promesa: "A los que aman a Dios, TODAS las cosas les ayudan a bien" (Romanos 8:28).

Y he dejado para el final, al principal protagonista de esta novela, porque, posiblemente, es con quién más te sientas identificado: Víctor. En el mundo que estamos viviendo, por una circunstancia u otra, nos decepcionamos y eso nos lleva a depositar nuestra confianza en alguien, que nos lleva a otra triste desilusión. Todos nos defraudan, de una manera u otra.

Quizás esta haya sido tu experiencia y ahora estés dominado por algún vicio. O sientes que tu corazón se ha endurecido de tal modo que piensas que Dios no existe, o bien, que no le importa tu vida. Reflexiona en esto: Él es tu Creador, pero más que eso, quiere ser tu Salvador. Nada en este mundo te podrá traer paz ni consuelo fuera de Cristo. Él te ama y desea que le lleves todas tus cargas, por eso dijo: "Venid a mi todos los que estáis trabajados y cargados, y yo os haré descansar" (Mateo ll:28). Necesitas descanso y paz. El único que te los puede dar es Jesucristo, que murió en la cruz del Calvario. No demores en ir a Él.

Cada personaje y circunstancias especiales de este libro las he sacado de hechos reales, aunque la historia es ficticia. El propósito principal al escribirlo fue, que su lectura, te ayude a reflexionar cómo te encuentras en tu relación con Dios y arregles hoy mismo tu situación espiritual, para que ya sea pronto o en muchos años más, puedas llegar a Su presencia libre de pecado y gozar de ese maravilloso lugar que Jesucristo ha ido a preparar a todos aquellos que le recibieron como Salvador y Señor de sus vidas.